FRANK ROBB · BEAUFORT 10 — WAS TUN ?

FRANK ROBB

BEAUFORT 10 - WAS TUN?

Sturmfibel für Yachten

übersetzt von Rolf Stapelfeldt

4. Auflage

VERLAG KLASING & CO GMBH BIELEFELD

ISBN 3-87412-023-6

Einbandgestaltung Siegfried Berning
Zeichnungen C. Hunter
© 1969 by Frank Robb, P. O. Box 1804, Kapstadt
Die Rechte für die deutsche Ausgabe liegen beim Verlag Klasing & Co GmbH, Bielefeld
Printed in Germany 1976
Druck: Kunst- und Werbedruck, Bad Oeynhausen

Inhaltsverzeichnis

Die Fotos und die textliche Darstellung von Wellen auf den Seiten 52—56 wurden uns freundlicherweise von Dr. F. Krügler zur Verfügung gestellt.

*für Connie Bond
für ihre Anhänglichkeit*

Vorwort

Dieses Buch soll keine zusätzliche „Segelanweisung" sein. Es wurde für Eigner und Schiffer kleiner seetüchtiger Boote — Motor- oder Segelboote, Berufs- oder Vergnügungsfahrzeuge — geschrieben, die glauben, daß sie ihre Schiffe bei „normalen" Wetterverhältnissen, das heißt bei Winden bis zu Sturmstärke, sicher führen können.

Dieses Buch behandelt außergewöhnliches Wetter. Wer zur See fährt, muß damit rechnen, von Orkanwinden und Orkansee überrascht zu werden, denen gegenüber seine „normalen" Maßnahmen vielleicht nicht ausreichen. Er muß sich ganz neuer Taktiken bedienen, und von diesen handelt das vorliegende Buch, das eigentlich gar kein „Segelbuch" ist, weil es sich vor allem mit den Verhältnissen bei Orkanen beschäftigt, unter denen kein Boot irgendwelche Segel tragen kann.

„Überleben auf See" wäre als Titel ebenso richtig. Es bietet einen Extrakt fünfundvierzigjähriger Erfahrung als Schiffer kleiner Segel- und Motorboote, die im Mittelmeer und um die Britischen Inseln, vor allem aber an den Küsten Südafrikas gewonnen wurden, am Kap der Stürme, das den zweifelhaften Ruf besitzt, mit schwerem Wetter lediglich Kap Hoorn nachzustehen.

Bei einem Buch für Neulinge ist man auf Kritik gefaßt — sei sie berechtigt oder nicht. Vieles in diesem Buch wird nicht den lauten Protest von „Lehnstuhlseefahrern", sondern auch von seiten einiger erfahrener Fahrtensegler hervorrufen, denen bestimmte Ratschläge als klägliche Versuche vorkommen mögen, sich an veraltete Methoden zu klammern oder neue Ideen bockig zurückzuweisen.

Doch die Kritiker mögen bitte daran denken, daß dieses Buch speziell für Leute und Schiffe geschrieben wurde, die die See in Breiten befahren, in denen sie „katastrophalen" Hurrikan-Bedingungen begegnen können.

Kapstadt   *Frank Robb*

7

„*Kein Schiffer, sei sein Schiff groß
oder klein, fühlt sich wohl bei fallen-
dem Barometer, fahlem Sonnenuntergang, hoher Dünung und der Aussicht
auf entsprechende Wetteränderung.
Die Maschine kann ausfallen, das Ruder brechen, Sturzseen auf das Deck
niederbrechen — alles Dinge, die weder vorherzusehen noch zu verhindern
sind. Könnte nicht der jetzt drohende
Sturm der sagenhafte Götterwind sein
— des Himmels Sturmgebraus, das
eines Tages wüten soll, um Planken
vom Rumpf, Atem vom Körper zu
scheiden, die Meere zu entfesseln und
alles Land zu ertränken?*"

„*— die Aura eines Kapitäns — jener fast sichtbare Mantel der Verant-
wortlichkeit, der ihn umgibt, ohne
Ansehen seines Charakters und seiner
Eigenarten. Diese Last muß er tragen,
diesen Preis muß er zahlen, ohne zu
feilschen und zu handeln. Die See
kümmert sich nicht um Aufrichtigkeit
oder Falschheit; zwischen Anständig-
keit und Bosheit macht sie keinen Unterschied und weder von der einen
noch der anderen läßt sie sich beeinflussen. Der Kapitän, sei er Heiliger
oder Sünder, muß der See den unum-
gänglichen Einstand in der einzigen
von ihr gewürdigten Währung zahlen
— mit Pflichtgefühl, Wachsamkeit,
Geschick und Ausdauer.*"

1. Das Wetter

Mark Twain hat einmal gesagt: „Ständig murren die Leute über das Wetter, doch niemand *tut* etwas dagegen."

Eines Tages können wir es vielleicht irgendwie beeinflussen, bis dahin allerdings müssen wir das Wetter nehmen wie es kommt.

Eine ganze Menge haben wir jedoch schon über seine Ursachen gelernt, so daß wir mit Hilfe einiger einfacher Instrumente und einem Schuß gesunden Menschenverstandes zu einer begründeten Vorstellung darüber kommen können, was uns bevorsteht. Das ist doch eine ganz erfreuliche Sache — vor allem für den Besitzer eines kleinen Bootes.

Deshalb wollen wir zunächst betrachten, was eigentlich die Wetteränderungen hervorruft.

Der Antriebsmotor ist die Sonne. Sämtliche Luftbewegungen sind direkt oder indirekt auf sie zurückzuführen. Abb. 1 zeigt idealisiert die Erde als unbewegten Himmelskörper, der in Höhe des Äquators gleichmäßig erwärmt wird. Warme Luft steigt auf und wird von dichterer, kälterer Luft aus polaren Regionen ersetzt. Ein solches System würde nach der Abbildung entweder nur Nord- oder nur Südwinde aufweisen.

Doch die Erde ist keine ruhende, stationäre Kugel. Innerhalb 24 Stunden dreht sie sich um sich selbst — d. h. jeder Punkt auf ihrer Oberfläche bewegt sich ostwärts, und zwar minimal (null) an den Polen und maximal (1000 mph = 1600 km) am Äquator. Die kalten Winde, die von den Polen herabwehen, ahnen nichts von dieser Drehbewegung (der Mensch brauchte zu dieser Entdeckung mehrere tausend Jahre): beharrlich wehen sie direkt nach „Süden" oder „Norden" — wobei die Erde ihnen förmlich entwischt. Dieses Phänomen ist bekannt als Coriolis-Effekt. Abb. 1 zeigt, wie die scheinbare Richtung eines vom Nordpol stammenden und nach Süden wehenden Windes infolge des geschilderten „Entwischens" der Erde in zunehmender Weise nach Westen abgelenkt wird, so daß er am Äquator fast genau in Richtung Westen weht. Dies ist der wichtigste und grundlegende

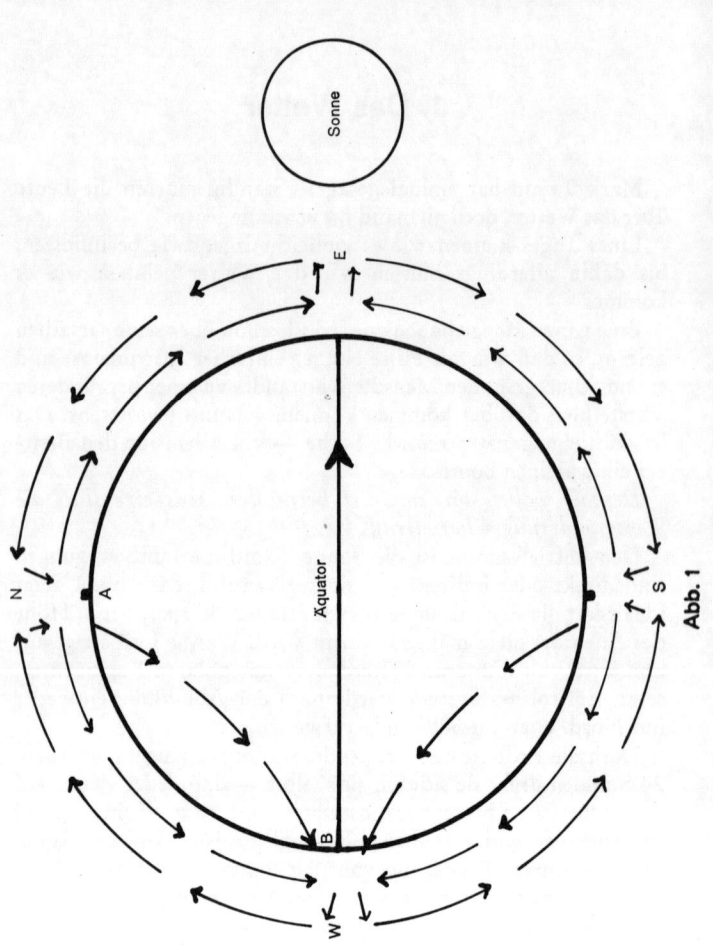

Abb. 1

Effekt; in Wirklichkeit treten noch Nebenerscheinungen auf (siehe unten) — doch lassen sich der Südost- und Nordostpassat, der Monsun und die Schwenkungen einer Zyklonbahn darauf zurückführen (siehe Kapitel 4). Winde, die vom Südpol wehen, erhalten aus dem gleichen Grund einen Drall nach Westen.

Als Folgeerscheinung vorherrschend östlicher Winde in niedrigen (äquatorialen) Breiten bildet sich in höheren Regionen eine rückläufige Bewegung in Form der Westwindgürtel (Abb. 2).

Zwischen äquatorialen Ostwinden und den Westwinden nördlicherer Breiten finden wir wechselnde Winde und Tiefdruckzonen, und durchweg zyklonale Winde.

Wäre die Erde vollständig von Wasser bedeckt, könnten wir die Windverhältnisse recht genau vorhersagen. Abb. 2 zeigt, wie bei großen Strecken freien Seeraums der Regel gemäß die östlichen Passate gleichmäßig während des ganzen Jahres wehen, während in höheren Breiten die Westwinddrift vorherrscht.

Doch auf der Erde ist eben nicht nur Wasser. Überall ragen unordentlich verteilte Landmassen hervor, deren Einfluß auf unser „wohlgeordnetes" Windsystem allerdings dazu beiträgt, den Fahrtensegler vor Langeweile zu bewahren.

Abb. 2 zeigt, wie die Kontinente die stetig wehenden Winde hemmen und ablenken, so daß sie ihre Eigenart verlieren. Die atlantischen Passate kommen mit Amerika in Konflikt. Der Monsun kommt an Afrikas Küste zu Fall, und auf der nördlichen Halbkugel findet sich so viel Land, daß dort der Westwindgürtel bis zur Unkenntlichkeit verzerrt wird. Nur die „Brüllenden Vierziger" im Süden haben Raum genug, um während des ganzen Jahres zu wehen.

Um die Geschichte noch vertrackter zu machen, erwärmt sich das Land tagsüber und kühlt sich nachts schneller ab als das Wasser — so daß also jede größere Landmasse ihr eigenes Windsystem entwickelt. Zu guter Letzt „wandert" die Sonne, indem sie beiden Halbkugeln Winter und Sommer beschert, und bringt damit zusätzliche Abweichungen.

Noch ist die Reihe der Verstöße des Landes gegen die natürliche Ordnung nicht vollständig. Das vom warmen Passat angetriebene Oberflächenwasser staut sich an den Kontinenten auf und sucht sich Abflüsse in Form starker Strömungen wie dem Golf- und dem Mozambiquestrom — die wiederum die Wasser-

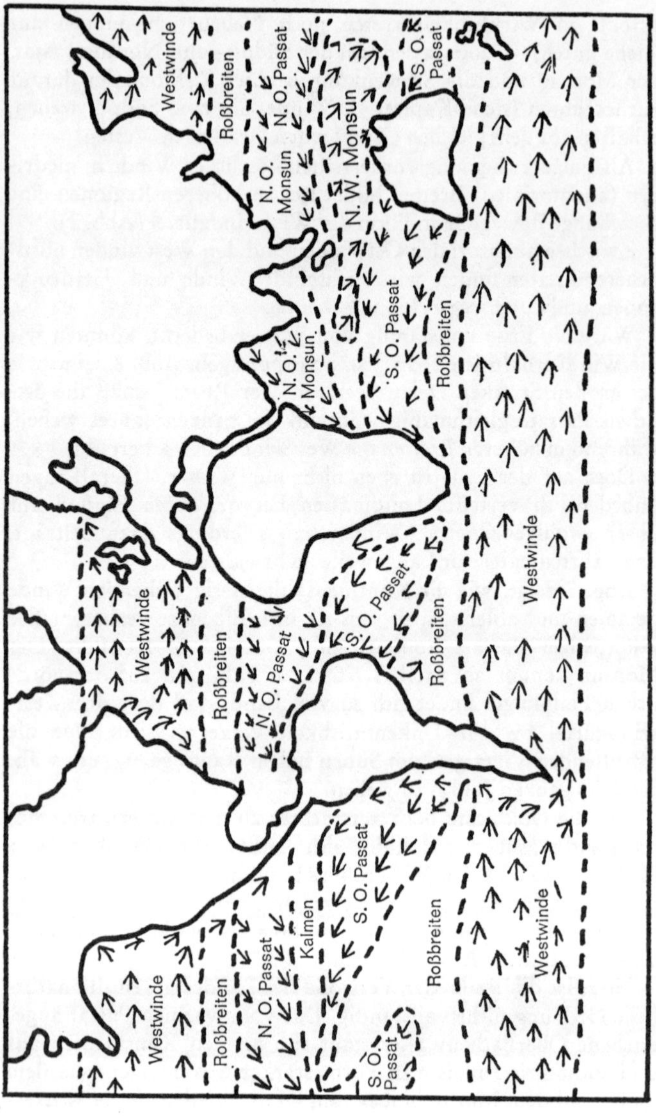

Abb. 2 Windsysteme der Erde (etwa Februar)

und Lufttemperatur Tausende von Meilen von ihrem Ursprung entfernt erhöhen und das Klima ganzer Kontinente bestimmen.

Unser „properes Windsystem" ist also zu einer Art Eintopf geworden, in dem lauter unerwartete Dinge zusammengekocht und von einer Schar magenkranker Wetterfrösche neugierig beäugt werden.

Viele Fahrtensegler zeigen kein Interesse für den „Mechanismus" des Wetters, sondern vertrauen den Wetterberichten im Radio. Der Radiosprecher kann jedoch weit von unserem Standort entfernt sein (und möglicherweise in einem anderen Klima). Haben wir jedoch das Grundverhalten von Wind und Wetter vor Augen, so ist es leichter, Lücken zu füllen und die mögliche Entwicklung in unserem eigenen Gebiet vorauszusehen.

2. Die Instrumente

Sei er Schiffsführer eines großen oder kleinen Fahrzeuges; in jedem Fall will der Seemann wissen, aus welcher Richtung der Wind wehen wird. Er will informiert sein über seine Stärke und Richtung, deren mögliche Änderung, Seegang und Sichtweite und wie lange der Wind wohl durchstehen wird.

Zu diesem Zweck sollte er befähigt sein, die Vorhersagen aus dem Radio (die sich vielleicht auf ein anderes Gebiet beziehen) durch eigene Beobachtungen zu ergänzen, um eine „Wetterschablone" seiner Umgebung entwickeln zu können.

Wenn z. B. auf hoher See Sturm herrscht, muß er versuchen, soviel wie möglich über wahrscheinliche örtliche Veränderungen herauszufinden, um entscheiden zu können, ob er dem Sturm durch Kursänderung aus dem Wege gehen kann, oder ob er ausharren soll (oder muß), um ihn abzureiten.

Heutzutage steht ihm dafür eine ganze Reihe verschiedener Hilfsmittel zur Verfügung. Neben dem Radio hat er seine fünf Sinne, *die nicht zu unterschätzen sind.* Hat man das ungute Gefühl, daß schlechtes Wetter im Anzug ist, sollte man nicht darüber hinweggehen: hier zeigt sich ein Instinkt, der allen Lebewesen eigentümlich ist, und der den Wetterberichten aus dem Radio Millionen Jahre voraus hat. Schon nach kurzer Zeit auf der sauberen See, nachdem Geist und Sinne vom Sud und allen Oberflächlichkeiten der Zivilisation gereinigt sind, wird man erfahren, daß dieser Instinkt nur selten trügt. Jede Möwe bestätigt das.

Zusätzlich steht uns eine Anzahl mehr oder weniger moderner technischer Hilfsmittel zur Verfügung. Wir wollen uns kurz mit ihnen beschäftigen.

Kompaß: Zur Ermittlung der Windrichtung, deren Änderung — und des günstigsten Kurses, um Schwierigkeiten aus dem Wege zu gehen.

Radio: Den Wetterbericht sollte man anhören. Seine Vorhersage dürfte „akademischer" als unsere Privatdiagnose sein. Man schreibe ihn mit, damit man sich nach fünf oder zehn Minuten vergewissern kann, daß es Nord-*West* und nicht Nord-*Ost* hieß. Selbst auf hoher See kann ein Wetterbericht über ein Hunderte von Meilen entfernt liegendes Gebiet von größtem Wert für unsere „lokale" Vorhersage sein. Er ist natürlich niemals unfehlbar. Mehr als nur einmal habe ich es erlebt, daß, während ich einen höchst ungemütlichen Sturm über mich ergehen lassen mußte, jene wohltönende Stimme versicherte, daß „leichte bis mäßige Winde" zu erwarten seien. Trotz allem hat der Radiosprecher, wie oben schon erwähnt, Zugang zu Informationen, die ihm einen weit größeren Überblick ermöglichen. Eben deshalb sollte man auf ihn hören.

Das Radio sollte möglichst die Grenzwelle empfangen können. Eine Liste entsprechender Stationen und ihrer Sendezeiten sollte an Bord sein. Außerdem vermerke man die Landessprache — es ist *so* viel leichter, wenn man versteht, was der Herr einem vorliest.

Wecker: Muß an Bord jedes kleinen Schiffes sein. Zur Erinnerung, damit man den Wetterbericht nicht verpaßt — und für hundert andere Gelegenheiten.

Barometer: Ein „Muß". Siehe auch Kapitel 12. Auf einem kleinen Schiff ist ein Quecksilber-Barometer zu unhandlich. Ein Aneroid-Barometer ist besser, ein Barograph jedoch das allerbeste. Benützt man einen solchen, hänge man ihn mit kurzen Enden wie in einer Wiege auf oder polstere ihn irgendwie gegen Stöße ab, sonst reagiert er seismographisch auf jede Stampfbewegung.

Das Barometer ist das eigentliche Instrument für die Wettervorhersage.

Jedes Gebiet hat seine barometrischen Eigentümlichkeiten. Im Rahmen dieses Buches ist es jedoch nicht möglich, auf diese lokalen Besonderheiten einzugehen. Das Seehandbuch verrät, wie sie zu verstehen sind, doch können einige allgemeine Regeln nur von Nutzen sein.

Die meisten von ihnen sind uns in Form etwas altertümlicher Verse überliefert worden, was allerdings den Vorteil hat, daß man sie leichter behält. Ich habe mir erlaubt, ein paar eigene Schöpfungen in etwas modernerer Aufmachung hinzuzufügen.

At sea with a low and falling
glas

The greenhorn sleeps like a
careless ass
But when the glass is high and
risin'
Soundly sleeps the careful
wise'un.

High an steady? — Sleep at
rest.
Sea will be flat as a typiste's
chest.

Long foretold — long last.

Soon foretold — soon past.

Low and steady? You can
bet
Wind and sea are hand in
glove.

The gale will last a good
while yet.
Oh for the wings of a dove.

First rise after low
fall
Brings the strongest blast
of all.

Nur'n Greenhorn schläft bei
tiefem Glas, das immer noch
fällt,
Wie ein Esel und vergißt die
Sorgen der Welt.
Doch ist das Glas hoch und
steigt es noch mehr,
Schläft der vorsichtige Mann
sehr tief — aber sehr.

Hoch und beständig? —
Schlaf ruhig ein.
Die See wird platt wie 'ne
Tippsen-Brust sein.

Lang vorhergesagt— das
dauert lange Zeit.
Kurz vorhergesagt — bald
schon Vergangenheit.

Der Sturm wird nicht so bald
vorüber sein
Tiefes Glas an gleicher Stelle
Wind und See: ein Spieß-
geselle
Der Sturm wird lange sein
und schwer
Oh, wenn ich doch ein Vöglein
wär!

Erstes Steigen nach tiefem
Fallen
Bringt den stärksten Puster
von allen.

Natürlich soll man keinen dieser Verse für bare Münze nehmen — doch sie zeigen den allgemeinen Trend auf, und auf
hoher See kann man sich einigermaßen auf sie verlassen. In

Landnähe kann es allerdings ganz anders aussehen. Wo ich zum Beispiel groß geworden bin, bilden zwei parallele Bergzüge eine „Venturi-Düse", in der an Sommernachmittagen häufig ein als „Kap-Doktor" sehr bekannter Wind entsteht, der ohne Vorwarnung aus wolkenlosem Himmel herabfegt und sich manchmal innerhalb weniger Minuten bis zu elf Windstärken steigern kann — wobei der Barograph lediglich eine exakte, gerade Linie zeichnet; und das alles nur wegen dem bißchen Land. Man denke also daran, daß das Barometer die Wettertendenz so beurteilt, als gäbe es keine die klare See verunzierenden Erdhöcker.

Wetterberichte geben Barometerangaben entweder in Millibar oder Inches an. Sie stehen in folgendem Verhältnis zueinander: 3,4 Millibar = 0,1 inch. Es ist aber einfacher, die Umrechnungstabelle aus dem letztjährigen Nautischen Jahrbuch auszuschneiden und (mit wasserfestem Leim) in der Nähe des Barometers anzukleben.

Thermometer: Ein Luftthermometer ist billig und kann von Nutzen sein. Leider hat es keinerlei Einfühlungsvermögen und wenn es unter Deck hängt, wird es beharrlich die dortige Temperatur anzeigen.

Ein Wasserthermometer ist äußerst nützlich. Es wird jedenfalls fast immer Aufschluß darüber geben, ob man sich gerade inner- oder außerhalb einer bestimmten Strömung befindet.

„Naß- und Trocken"-Kugel-Thermometer, Hygrometer und Anemometer überlassen wir den Gelehrten. Das letztere gibt die Windstärke an, wobei (für den Fahrtensegler) sein einziger Wert darin besteht, sich mit *der* Windstärke brüsten zu können, die man in ach so unübertrefflicher Weise gemeistert hat.

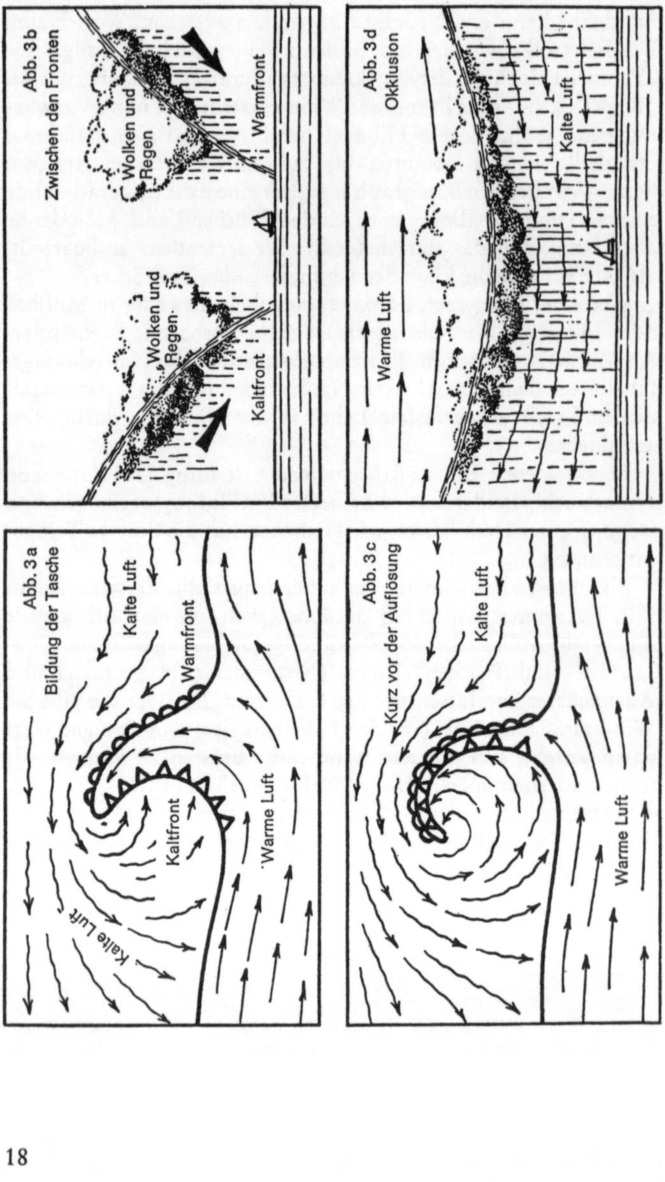

Abb. 3b
Zwischen den Fronten

Wolken und Regen

Warmfront

Kaltfront

Wolken und Regen

Abb. 3d
Okklusion

Warme Luft

Kalte Luft

Abb. 3a
Bildung der Tasche

Kalte Luft

Warmfront

Kaltfront

Warme Luft

Kalte Luft

Abb. 3c
Kurz vor der Auflösung

Kalte Luft

Warme Luft

Abb. 3 Eine Depression

3. „Hochs" und „Tiefs"

Ein Buch über die Theorie und Praxis der Wettervorhersage würde umfangreicher sein als das hier vorliegende. Für den, der mehr über dieses fesselnde Gebiet wissen möchte, werden verschiedenste Bücher angeboten. In diesem Kapitel müssen wir uns auf ein Konzentrat beschränken, das uns befähigen soll, die wahrscheinliche Wettertendenz vorherzusagen, womit der Fahrtensegler schon mehr als zufrieden sein kann.

Ein Großteil unseres Wetters, sei es gut oder schlecht, erreicht uns in Form großer, annähernd kreisförmiger Windsysteme, bei denen Luft um ein Zentrum hohen oder tiefen Luftdruckes kreist (Abb. 3).

Herrscht im Zentrum niedriger Druck, bezeichnet man das System als Zyklone, auch kurz „Tief" oder „Depression" genannt.

Herrscht im Zentrum hoher Druck, nennt man das System Antizyklone oder kurz „Hoch".

Auf der nördlichen Halbkugel kreist der Wind um ein Tief gegen, um ein Hoch im Uhrzeigersinn.

Auf der Südhalbkugel kreist er um ein Tief mit, um ein Hoch gegen den Uhrzeigersinn.

In beiden Hemisphären weht der Wind spiralförmig zum tieferen Druck; das heißt in ein Tief hinein und aus einem Hoch heraus.

Der Winkel zwischen Windrichtung und Zentrum des „Tiefs" beträgt 10—20°.

Kennzeichen eines Hochs: Normalerweise schönes Wetter, wenig Wind, zum Rand hin jedoch zunehmend. Das System wandert in der Regel langsam weiter, doch kann es auch festliegen. Wo es auf ein anderes System stößt, kann es zu unsicherem Wetter mit Wolken, Wind und Regen kommen. Ein Hoch neigt dazu, stabil zu sein.

Kennzeichen eines Tiefs: Zunehmende Wetterverschlechterung vom Rand zum Zentrum. Zuggeschwindigkeit unterschiedlich, doch allgemein größer als die eines Hochs. Die Zugbahn verläuft normalerweise in Richtung des nächstgelegenen Gebietes tiefsten Drucks. Wenn dieser Weg erst einmal über zwölf Stunden beibehalten worden ist, ändert sich die Richtung, wenn überhaupt, nur noch langsam.

Entstehen eines Tiefs: Wenn zwei verschiedene Luftströmungen aufeinandertreffen, bildet sich eine Grenzlinie, die man Front nennt (Abb. 3 a). Entlang dieser Linie vermischen sich die Strömungen stellenweise miteinander, wobei die warme Luft eine „Tasche" in die kältere vorschiebt, und während sie diese gleichzeitig überwandert, bildet sich am Taschenansatz eine Tiefdruckzone (Abb. 3 b). Dorthin fließende Luft wird durch die Erddrehung nach Osten abgelenkt, wodurch ein System um ein Zentrum niedrigen Druckes wehender Winde entsteht — mit anderen Worten ein Tief.

Die zu einer Kreisbewegung gezwungene kalte Luft „nagt" an der sie überfließenden warmen, wodurch die Tasche allmählich eingeengt wird. Diese „Angriffszone" nennt man Kaltfront (Abb. 3 b).

Die gegenüberliegende Seite, auf der die warme Luft die kalte bedrängt und sie überfließt, nennt man Warmfront.

Nach entsprechender Zeit erreicht die Kaltfront die Warmfront und sämtliche warme Luft wird nach oben verdrängt. Man spricht von einer Okklusion, die sich daraufhin auflöst, weil die warme Luft die eigentliche Energiequelle war (Abb. 3 c und 3 d).

Das ganze Gebilde bewegt sich entlang der ursprünglichen Front mit einer Geschwindigkeit zwischen 10 und 70 Knoten.

So haben wir denn einen Eindruck vom Leben und Sterben eines Tiefdruckgebietes bekommen, dem vor allem wir unser schlechtes Wetter zu verdanken haben.

4. Hurrikane, Zyklone und Taifune

Verschiedene Bezeichnungen derselben Sache — eines tropischen Wirbelsturms. Sie entstehen in tropischen Zonen als gewaltige Wirbel um ein Zentrum niedrigen Drucks. Bis zu diesem Punkt gleichen sie einem normalen „Tief". Außerdem gehorchen sie dem Prinzip der kreisförmig in das Tief hineinströmenden Winde (gegen den Uhrzeigersinn nördlich, mit ihm südlich des Äquators).

Ihren Ursprung scheinen sie nicht in benachbarten Fronten kalter und warmer Luft zu haben; vielmehr liegt dieser in einer nicht vollständig aufgeklärten Konvektionswirkung. Sieht man von Wasserhosen („Tornados") ab, bringen sie die härtesten Winde hervor, denen man auf See begegnen kann. Über viele Jahre ist ihr Verhalten studiert worden, so daß wir eine ziemlich klare Vorstellung von den Gesetzen haben, denen sie gehorchen. Glücklicherweise sind sie jahreszeitlich bedingt und wählerisch bezüglich ihres Wirkungsbereiches. Wenn man sich nicht mit ihnen einlassen will, hält man also während der kritischen Zeit gut frei von ihren bevorzugten Gegenden. Man sollte ihnen möglichst in jedem Fall aus dem Wege gehen, wobei die folgenden Definitionen, Voraussagen und Regeln behilflich sein sollen.

Jahreszeitliches Auftreten von Hurrikanen, Taifunen und Zyklonen:

Westindische Gewässer: Juni—November. Vor allem im September.

Indischer Ozean südl. Teil: Oktober—Juni. Vor allem von Dezember—April.

Chinesisches Meer: Während des ganzen Jahres. Vor allem im Oktober.

Arabisches Meer: April—Januar. Vor allem im Juni, Oktober und November.

Golf von Bengalen: Mai—Dezember. Vor allem im Dezember.

Süd-Pazifik: Dezember—April. Vor allem von Januar—März.

Nord-Pazifik: Während des ganzen Jahres. Vor allem von Juli—Oktober.

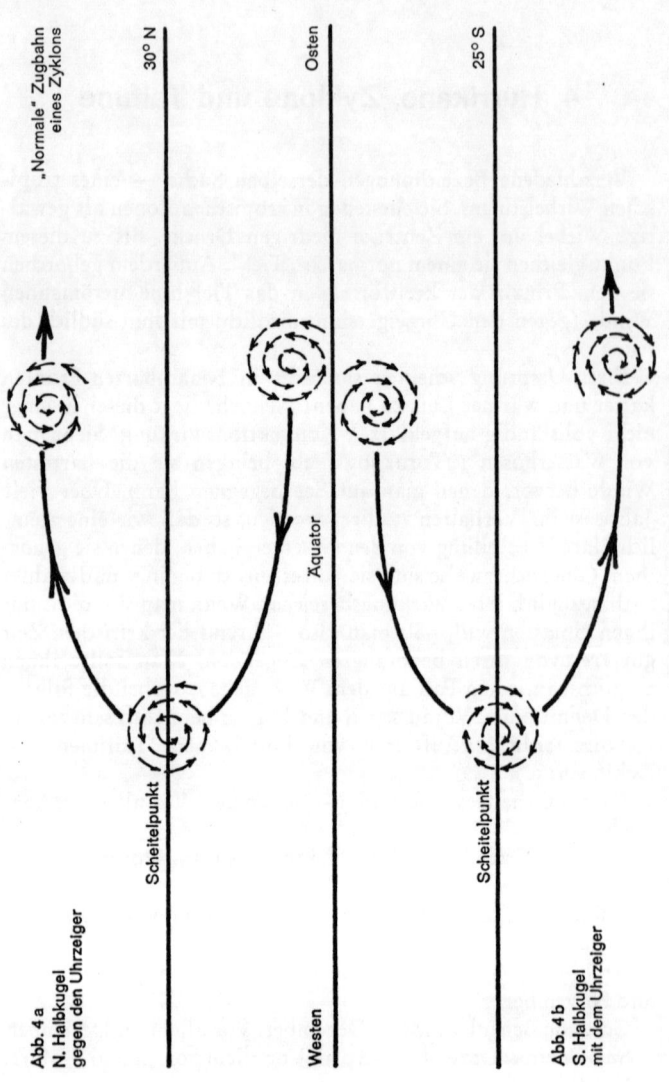

Abb. 4a
N. Halbkugel
gegen den Uhrzeiger

30° N

Osten

25° S

Scheitelpunkt

Äquator

Westen

Scheitelpunkt

„Normale" Zugbahn
eines Zyklons

Abb. 4b
S. Halbkugel
mit dem Uhrzeiger

Abb. 4 „Normale" Zugbahn eines Zyklons

Einige Definitionen (Abb. 4 a und 4 b).

Vortex, Zentrum oder Auge: Ein vergleichsweise ruhiges Gebiet im Zentrum des Sturms. Durchschnittlich soll es einen Durchmesser von 8 Meilen (ca. 13 km) haben bei leichten, wechselnden oder gar zur Flaute neigenden Winden, begleitet jedoch von gefährlicher Kreuzsee.

Zugbahn: Die vom Sturmsystem verfolgte Richtung. Zunächst verläuft sie westwärts (Abb. 4), beschreibt dann einen Bogen in Richtung des nächstgelegenen Pols, um dann einen nordöstlichen (Nordhalbkugel) beziehungsweise südöstlichen Kurs (Südhalbkugel) einzuschlagen. Nicht alle Zyklone gehorchen dieser Regel; manche weisen im Verlauf ihrer Bahn sprunghafte Kursänderungen auf; im Golf von Bengalen hingegen soll die Zugbahn gerade sein.

Scheitelpunkt oder COD: Der westlichste vom Zentrum erreichte Punkt, bevor der Zyklon nach Osten zurückschwenkt.

Rechte Hälfte: Die vom Beobachter aus rechts liegende Hälfte des Systems, bei mit der Zugbahn gleichlaufender Blickrichtung.

Linke Hälfte: Vom Beobachter aus links liegende Hälfte des Systems bei mit der Zugbahn gleichlaufender Blickrichtung.

Schiffbare Hälfte: Die Hälfte des Sturmsystems, die *der* Seite der Zugbahn gegenüberliegt, nach der es normalerweise zurückschwenkt.

Trog: Eine Linie, die im rechten Winkel zur Zugbahn durch das Zentrum läuft.

Gefährlicher Quadrant: Der Quadrant, in dem ein Fahrzeug Gefahr läuft, zur Zugbahn hin versetzt zu werden. Auf der Nordhalbkugel ist es der vordere rechte, auf der Südhalbkugel der vordere linke Quadrant.

Zyklone entstehen zu beiden Seiten des Äquators zwischen dem zehnten und zwanzigsten Breitengrad. Das Sturmsystem kann einen Durchmesser von mehr als 1000 Meilen (1600 km) haben, wobei im Bereich zwischen 5 bis 65 Meilen (8 bis 105 km) orkanartige Winde spiralförmig zum Zentrum wehen.

Die Zuggeschwindigkeit beträgt anfangs 6—8 kn, kann sich später aber bis zu 50 kn steigern.

Der Scheitelpunkt liegt gewöhnlich bei etwa 30° nördlicher beziehungsweise 20° südlicher Breite (Abb. 4).

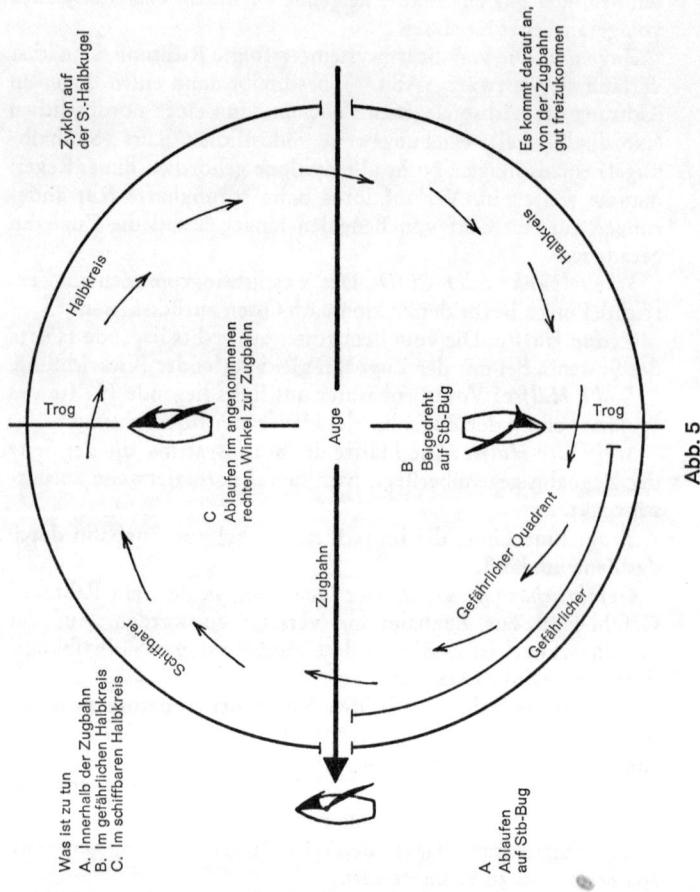

Abb. 5

Zyklon auf der S.-Halbkugel

Es kommt darauf an, von der Zugbahn gut freizukommen

Halbkreis

Trog

Auge

Zugbahn

Trog

Halbkreis

Gefährlicher Quadrant

Gefährlicher

Schiffbarer

Ablaufen im angenommenen rechten Winkel zur Zugbahn

C

B
Beigedreht auf Stb-Bug

Was ist zu tun
A. Innerhalb der Zugbahn
B. Im gefährlichen Halbkreis
C. Im schiffbaren Halbkreis

A
Ablaufen auf Stb-Bug

24

Anzeichen und Vorboten:

1. *Unerklärliche Dünung:* Sie ist aus dem Zentrum des Zyklons heraus gerichtet, so daß ihre Richtung eine gute Peilung für die Lage des Kerns abgibt. Sie mag bis zu einer Entfernung von 1000 Meilen spürbar sein, doch gewöhnlich ist das erst bei 400 Meilen der Fall.
   Ist der Sturm mehr als 200 Meilen entfernt, stellt die Richtung der Dünung die sicherste Angabe über die Peilung des Zentrums dar.
2. Abnormes Verhalten des Barometers.
3. Hohe Cirruswolken, besonders bei sich zusammenschließenden Streifen oder Bändern. Das Zentrum liegt wahrscheinlich in der Verlängerung des Punktes, an dem dieser Zusammenschluß vor sich geht.
4. Schwüle, bedrückende Atmosphäre. Ungutes Gefühl.

Wo liegt das Zentrum?

Stelle dich gegen den Wind. Das Zentrum wird auf der Nordhalbkugel zwischen 12 und 8 Strich (135—90°) zur Rechten beziehungsweise auf der Südhalbkugel zur Linken liegen.

In welcher Hälfte befinden wir uns?

Stelle dich gegen den Wind. Dreht er nach rechts, sind wir in der rechten Hälfte, dreht er nach links in der linken. Behält er seine Richtung, nimmt jedoch an Stärke zu, liegen wir geradewegs in der Bahn des Sturms.

Wie verhalten wir uns? (Abb. 5).

Liegen wir in der Bahn des Sturms, laufen wir auf der Nordhalbkugel auf Backbordbug beziehungsweise auf der Südhalbkugel auf Steuerbordbug raumschots im rechten Winkel zur angenommenen Zugbahn ab.

Befinden wir uns im gefährlichen Quadranten, segeln wir am Wind im rechten Winkel zur angenommenen Zugbahn von ihr weg. Können wir nicht mehr gegenan, drehen wir auf der Nordhalbkugel auf Backbordbug, auf der Südhalbkugel auf Steuerbordbug bei.

Befinden wir uns in der schiffbaren Hälfte, laufen wir auf der Südhalbkugel raumschots im rechten Winkel von der angenommenen Zugbahn weg.

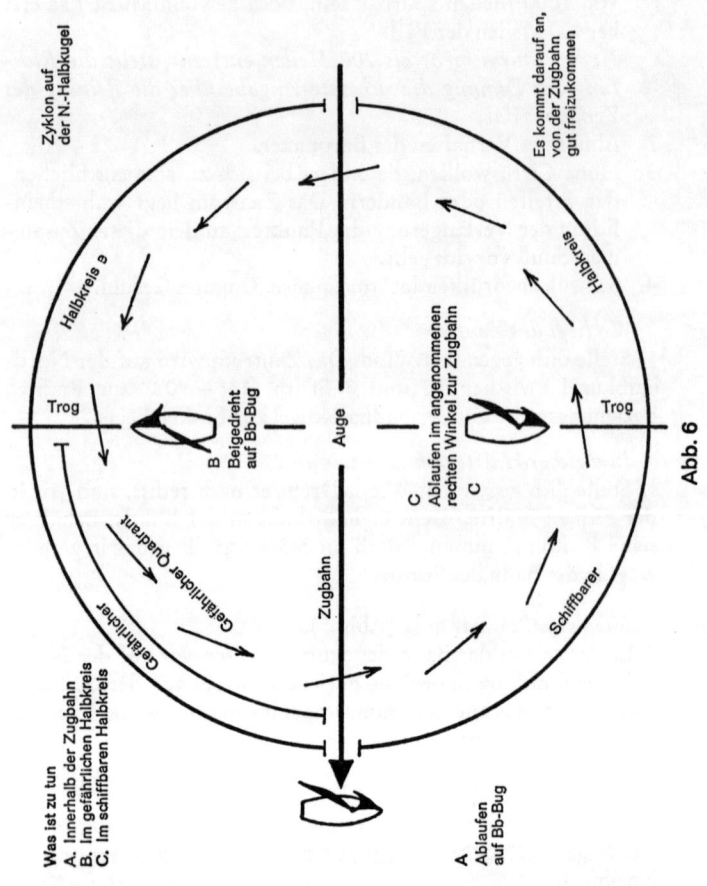

Zyklon auf der N.-Halbkugel

Es kommt darauf an, von der Zugbahn gut freizukommen

Trog

Auge

Trog

Halbkreis ᵃ

Halbkreis

Beigedreht auf Bb-Bug

B

Ablaufen im angenommenen rechten Winkel zur Zugbahn C

C

Gefährlicher

Gefährlicher Quadrant

Schiffbarer

Zugbahn

Was ist zu tun
A. Innerhalb der Zugbahn
B. Im gefährlichen Halbkreis
C. Im schiffbaren Halbkreis

Schiffbarer Halbkreis

A
Ablaufen auf Bb-Bug

Abb. 6

26

Eine normale Depression kann Winde bis zu 100 kn entwickeln, ein Zyklon solche bis 150 kn, während eine Wasserhose Windstöße bis zu 300 kn hervorbringen kann. Die letztere spielt sich jedoch auf kleinem Raum ab (200—300 Yards) und ist nur von kurzer Dauer (wenige Minuten). Von einer Wasserhose erfaßt zu werden, wäre höhere Gewalt. Daher wird dieser Fall in diesem ebenso wie in allen Büchern, die ich gelesen habe, nicht behandelt.

Falls der Leser die Absicht hat, Gegenden zu besegeln, die von Hurrikanen heimgesucht werden, sollte er sich, bevor er sie befährt, auf jeden Fall eingehend über das entsprechende Gebiet informieren. Auf Anfrage wird H. M. Stationary Office, York House, Kingsway, London, W. C. 2 zu geringem Preis zu Literatur über solche Themen verhelfen.

Man soll sich aber immer darüber im klaren sein, daß die Anweisungen dieser Bücher im allgemeinen für stärkere Schiffe als unsere gedacht sind, Schiffe etwa, die ihren Kurs noch unter Bedingungen weiterverfolgen können, die uns dazu zwingen, vor Topp und Takel zu liegen. Wir wollen deshalb auf jene Vorschläge wie „Beidrehen auf Steuerbordbug", oder „raumschots auf Backbordbug ablaufen" mit ein wenig Verständnis und Vorbedacht eingehen.

5. Der Wind

Wind allein vermag ein kleines Schiff kaum außer Gefecht zu setzen. Ist man unglücklicherweise oder durch eigenes Verschulden in eine Bö geraten, die Orkanstärke erreicht, büßt man vielleicht ein paar Segel, schlimmstenfalls den Mast ein, doch abgesehen davon ist ein gutes kleines Schiff, das keine Segel mehr führt und auf dem alles sicher verzurrt ist, vor Windschäden sicher. Theoretisch können ein Tornado oder eine Windhose natürlich ausreichende Windstärken entwickeln, um massives Holz zu brechen, doch habe ich nie von einem derartigen Fall gehört. Jede Diskussion darüber ist jedenfalls sinnlos. Wenn man tatsächlich so einen Sturm erlebt, bleibt einem nichts anderes übrig, als das Vaterunser zu beten.

Die Beaufort-Skala unterteilt den Wind in Stärken von 0 (Stille) bis 12 (über 63 kn), wobei die zweite Angabe Orkan bedeutet.

Man neigt dazu, die Windstärke zu überschätzen
  bei Nacht,
  wenn Wind gegen starken Strom steht,
  bei schwerer See,
  am Wind,
  wenn man müde, naß, kalt und hungrig ist.

Unterschätzt wird die Windstärke seltener, doch kann dieses unter Umständen gefährlich werden. Gewöhnlich geschieht das a) auf raumen Kursen, b) wenn Wind und Strom miteinandergehen.

Die von den Wellen hervorgerufene Reibung bewirkt, daß die Windstärke an der Wasseroberfläche geringer ist, als sie von nahe gelegenen Wetterstationen angegeben wird, deren Instrumente immer hoch und frei liegen.

Hindernisse wie Hügel und Berge können unangenehme Böen hervorrufen; halte gute Ausschau nach den „williwaws", Fallböen, die in einem Winkel von steilen Berghängen herabfegen und ihre Wirkung bei zunehmender Krängung verstärken. Ebenfalls in Landnähe kann man wirbelwindartigen Erscheinungen begegnen — Miniwasserhosen, die Schaum aufwirbeln wie aufgebrachtes Geistervolk. Nimm ihnen ihre Wirkung, indem du Segel birgst oder kürzst.

Eine Wasserhose ist entgegen landläufiger Meinung keine kompakte Wassersäule. Es handelt sich dabei um einen winzigen Windwirbel von solcher Stärke, daß Gischt und Wasserstaub von der Wasseroberfläche gerissen und hochgewirbelt werden. Der Schauplatz ist klein — etwa 200 bis 250 m —, und sie halten kaum länger als eine Minute an, doch traue ich ihnen zu, erheblichen Schaden anrichten zu können. Sicher reichen mehrere Menschenalter nicht aus, um es auch nur mit einer zu tun zu bekommen.

Entsprechend gekürzte Segel kann man etwa bis Windstärke 11 fahren; darüber droht normales Segeltuch aus den Lieken zu fliegen. Dacron oder Terylene mögen noch standhalten, doch sind die dann wirksamen Kräfte so groß, daß selbst ein winziges Segel eine enorme Belastung für das ganze Schiff bedeutet. Und wenn sich bei Windstärke 11 und darüber ein Segel selbständig macht, ist das sicher kein Vergnügen mehr.

Springt man ohne Fallschirm aus einem Flugzeug, so sei zum Trost gesagt, daß man — unabhängig von der Tiefe des Falls — niemals mit größerer Geschwindigkeit als 190 km/h auf dem Boden aufschlagen wird, da dann der Luftwiderstand des Körpers eine weitere Beschleunigung verhindert. Kommt eine Bö mit einer Geschwindigkeit von 190 km/h daher, während wir an Deck stehen, so können wir ziemlich sicher sein, daß wir über Bord geweht werden.

Vieles hängt von den Umständen ab, doch muß man im allgemeinen damit rechnen, daß selbst bei günstigsten Verhältnissen bei Winden über Stärke 11 eine längere oder sinnvolle Betätigung nicht mehr möglich ist.

Bei noch darüber liegenden Windstärken verliert man jede eigene Kontrolle. Die Lehre daraus ist klar. Triff die richtige Entscheidung und mache die falsche rückgängig, bevor die Verhältnisse es gefährlich oder unmöglich machen. Auf den folgenden Seiten werden wir diesem Gebot noch mehrmals begegnen.

Beaufort-Skala der Windstärken

Stärke	Geschw. in kn (Mittel)	Obere und untere Grenze der Geschwindigkeit in kn/s	in m/s	Bezeichnung
		Wind bei 10 m über Meeresspiegel		
0	0	< 1	0,0 — 0,2	Still
1	2	1 — 3	0,3 — 1,5	Sehr leicht
2	5	4 — 6	1,6 — 3,3	Leicht
3	9	7 — 10	3,4 — 5,4	Schwach
4	13	11 — 16	5,5 — 7,9	Mäßig
5	18	17 — 21	8,0 — 10,7	Frisch
6	24	22 — 27	10,8 — 13,8	Stark
7	30	28 — 33	13,9 — 17,1	Steif
8	37	34 — 40	17,2 — 20,7	Stürmisch
9	44	41 — 47	20,8 — 24,4	Sturm
10	52	48 — 55	24,5 — 28,4	Schwerer Sturm
11	60	56 — 63	28,5 — 32,6	Orkanartiger Sturm
12	—	über 63	über 32,6	Orkan

Anmerkung:
1. Beachte, daß es nachts kaum möglich ist, die Windstärke nach dem Wellenbild zu beurteilen.
2. Die Verzögerung zwischen Windzunahme und entsprechender Zunahme der See muß beachtet werden.
3. Fetch, Wassertiefe, Dünung, Sturzregen und Gezeiteneinflüsse sind bei der Windschätzung nach dem Wellenbild zu berücksichtigen.

Wellenbild

Spiegelglatte See

Kleine schuppenförmige Kräuselwellen ohne Schaumkronen

Ausgeprägtere kurze Wellen, Schaumköpfe glasig, Kämme brechen noch nicht

Kämme beginnen überzukippen, vereinzelte Schaumkronen

Wellen werden länger, verbreitet Schaumkronen

Wellen ausgeprägter und länger, Schaumkronen

Wellen höher, größere Schaumflächen, Möglicherweise schon Gischt

See türmt sich, Schaum legt sich in Streifen zur Windrichtung

Mäßig hohe Wellen, doch länger werdend, Kanten der Schaumkronen verwehen zu Gischt

Hohe Wellen, Schaum in dichten Streifen zur Windrichtung. Das „Rollen" der See beginnt, mögliche Sichtbeeinträchtigung durch Gischt

Sehr hohe Wellen mit langen überstürzenden Kämmen, sehr große Schaumflächen, See erscheint im ganzen weiß, heftiges, stoßartiges Rollen der See, Sicht beeinträchtigt

Wellen so hoch, daß kleinere bis mittelgroße Schiffe zeitweilig aus Sicht voneinander kommen. See völlig mit streifigem Schaum bedeckt, die Kanten der Schaumkämme zerstieben zu Gischt, schlechte Sicht

Luft erfüllt von Schaum und Gischt, See vollständig weiß, sehr schlechte Sicht

Stärke	Mögliche Wellenhöhe		Mögliches Maximum der Wellenhöhe	
	in Fuß	in m	in Fuß	in m
0	—		—	
1	¼	7,5 cm	¼	7,5 cm
2	½	15 cm	1	30 cm
3	2	0,61 m	3	0,91 m
4	3½	0,75 m	5	1,52 m
5	6	1,83 m	8½	2,59 m
6	9½	2,89 m	13	3,96 m
7	13½	4,11 m	19	5,79 m
8	18	5,49 m	25	7,62 m
9	22	6,71 m	32	9,75 m
10	29	8,84 m	41	12,50 m
11	37	11,28 m	52	15,85 m
12	45	13,72 m	—	—

Diese Zahlen sollen Anhaltspunkte geben, was auf offener See zu erwarten ist. In Küstengewässern, auch bei ablandigem Wind, sind die Wellen niedriger aber steiler. Das mögliche Maximum der Wellenhöhe wird etwa von jeder 10. Welle erreicht. Aus „Browns Nautical Almanac" mit freundlicher Genehmigung von Messrs Brown, Sons & Ferguson, Ltd.

6. Die Wellen

Die See steht uns feindlich gegenüber — hartnäckig und unaufhörlich sucht und findet sie jeden wunden Punkt unserer Verteidigung. Ein großer Teil dieses Feldzuges spielt sich in aller Stille ab: das langsame Dahinrosten eines Eisennagels, der aus Kupfer hätte sein müssen; das unauffällige Ermüden eines fehlerhaften Kielbolzens; die leisen kleinen Drehungen, die den Schäkelbolzen lösen, den man hätte sichern müssen. Dieser Art Angriff kann und muß man begegnen, vor allem durch den täglichen „5-Minuten-Check", der so viel wichtiger ist als die jährliche Generalüberholung.

Die vom Wind aufgereizte See antwortet mit ihren Sturmtruppen: Seen und Brechern. Sorgfältige Instandhaltung allein kann dagegen nichts ausrichten. Dann gilt es zu handeln, sich seiner Haut zu wehren, Ausschau zu halten und manchmal zum Gegenangriff überzugehen.

„Ich liebe die See!" Wie oft schon hat man dieses Bekenntnis gehört. Liebe alte Damen auf der Uferpromenade, magenleidende Geschäftsleute an Bord der „Queen Mary", blasse Büroangestellte, die des Sonntags die Kaianlagen heimsuchen, sonnenverbrannte Bauern aus staubigem Binnenland — sie alle hegen eine Liebe für die See, einfach und voller Tiefe. Der Berufsseemann dagegen hat ein weit komplizierteres Verhältnis zu seinem Element.

Er fühlt sich berufen, zur See zu fahren. Er ringt ihr seinen Lebensunterhalt ab, erforscht ihre Oberfläche und ihre Tiefen, wobei er sich Tag und Nacht ihrer Gewalt bewußt ist. Er ist wie ein Löwenbändiger, der eine Kraft kontrolliert, die größer ist als seine eigene, und der weiß, daß ständige Aufmerksamkeit der einzige Schutz ist.

Doch auch ihn nimmt die See gefangen. Wenn er sich als alter Mann gezwungen sieht, an Land zu bleiben, wird ihm diese Lebensweise keinerlei Ersatz für die ständige Herausforderung der See bieten können.

Zuneigung hält sich der Seemann für die Schiffe vor, wobei er

Anmerkung:
Bei einem Vorkantenwinkel von über 18° bildet sich eine Schaumkrone.
Die Welle bricht, wenn die Vorkante einen Winkel von 90° übersteigt.

Wellen
(etwa maßstabgerecht)

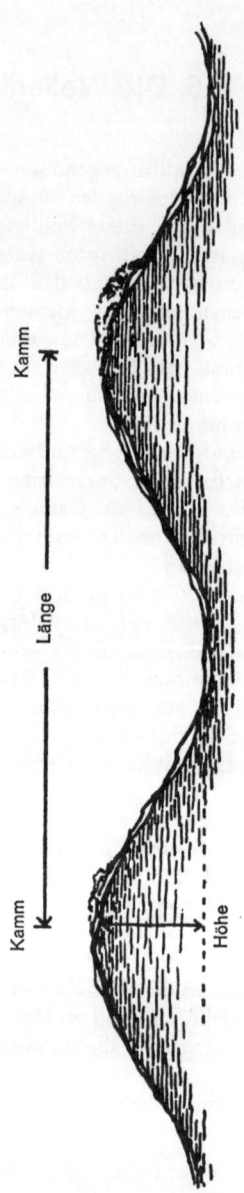

„Periode", die Zeit in der zwei aufeinanderfolgende Kämme einen gegebenen Punkt durchlaufen

$$\text{Marschgeschwindigkeit} = \frac{\text{Wellenlänge}}{\text{Periode}}$$

Abb. 7

niemals übersieht, daß die See sie alle einmal zu sich nimmt. Wenn er sich über seine Gefühle äußern sollte, würde er die See vielleicht als verführerisches, launisches, treuloses Weibsbild bezeichnen.

Wir wollen unseren Feind näher kennenlernen. Wenn Wind über Wasser streicht, entstehen Wellen. Lassen wir einmal offen, warum das so ist, doch die Wellen sind da, und zwar sind sie komplizierter als man denkt. Die Gelehrten haben sie in natura und in Tankversuchen untersucht. Was sie herausgefunden haben, ist für den Segler weniger nützlich als interessant.

Einige Definitionen, Fakten und Theorien:

Wellenlänge: Die Distanz zweier aufeinanderfolgender Wellenkämme. Ein gewisser Kapitän Mottez maß eine Länge von 900 m, die bis heute nicht übertroffen wurde.

Wellenperiode: Die Zeit, in der zwei aufeinanderfolgende Kämme einen Punkt durchlaufen. Länge geteilt durch die Periode ergibt die Marschgeschwindigkeit der Wellen. Kapitän Mottez gibt für seine Welle eine Periode von 25 Sekunden an, doch behauptet ein Herr Bertin, daß 24 Sek. bei einer Länge von 1200 m wahrscheinlich das Maximum darstellen. In der Praxis beläuft sich die Wellengeschwindigkeit im Durchschnitt auf etwa 50 km/h.

Wellenhöhe: Der senkrechte Abstand von der Talsohle bis zum Kamm. Die maximale Höhe scheint von der Beurteilung des Beobachters abhängig zu sein, selbst unter Fachleuten. Arago zum Beispiel glaubt, bei etwa 8,50 m liege die Grenze; die amerikanische Luftwaffe besitzt die Aufnahme einer Orkansee, deren Höhe auf 33 m geschätzt wird. Der Autor hat auf der Agulhas-Bank Wellen gesehen, die sicher höher als 13 m waren. Allgemein wird angenommen, daß die maximale Grenze bei etwa 17 m liegt.

Es muß jedoch gesagt werden, daß diese Werte nur für Wellen gelten, die einem gleichmäßig ausgerichteten System entstammen, und fast alle Beobachter sind sich darüber einig, daß diese Höhe beträchtlich überschritten werden kann, wenn es sich um Kreuzseen handelt (die häufig vorkommen).

Windwirkstrecke (*Fetch*): Die Strecke freien Seeraums, über die der Wind einwirken kann. Nach Stevensons Formel gilt:

Wellenhöhe in Fuß $= \sqrt{1,5 \cdot \text{Fetch in sm}}$.

Die Welle selbst, nicht das Wasser bewegt sich, dessen einzelne Teilchen zwar eine kreisförmige Bewegung beschreiben, sonst aber an einem Punkt verharren. Überschreitet die Vorkante einer Welle einen Winkel von 18 Grad, bildet sich eine Schaumkrone, die nach vorne geweht wird. Verringert sich die Wassertiefe auf weniger als etwa die halbe Wellenlänge, stolpert die Welle gewissermaßen über den Grund; sie nimmt an Höhe zu, die Vorkante wird steiler, und wenn diese 90 Grad überschreitet, bricht der Kamm in das vorangegangene Wellental — weshalb uns selbst eine kleine Welle arg zusetzen kann.

Wellen, die gegen den Strom laufen, sind steiler und kürzer als solche, die mit ihm gehen; man werfe einen Stein in einen Fluß und bilde sich sein Urteil — es hat erhebliche praktische Bedeutung.

Normale Tiefwasserseen neigen kaum dazu, einem soliden, gut geführten kleinen Schiff gefährlich zu werden. Sie mögen ehrfurchtgebietend aussehen, doch enthält ihr Kamm lediglich gischtendes Wasser ohne zerstörende Kraft. Eine See wird erst dann gefährlich, wenn ihre Vorkante steiler wird und der Kamm bricht (bei flacher werdendem Wasser; wenn ein Schiff zu schnell vor der See läuft oder bei Störwirkung anderer Wellen).

Die eigentlichen Unholde sind die gelegentlichen Riesenseen — hinterhältige Kaventsmänner — mit ihnen beschäftigt sich das nächste Kapitel.

Selbst Sturmseen lassen uns ungeschoren, wenn wir uns ihnen nicht widersetzen und ihre Bahn nicht stören. Geschieht dieses doch und finden sie irgendeinen Angriffspunkt, entwickeln sie enorme Kräfte. 30 Tonnen schwere Steinklötze können versetzt, Stahlplatten verdreht werden, als bestünden sie aus dünnstem Blech; allgemein wird alles durcheinander gewirbelt und in Stücke gerissen. Dazu noch folgende Bemerkung: „Die explosive Kraft und Luft, die beim Brechen eines Kammes eingeschlossen und komprimiert wird, kann ernsthaften Schaden anrichten, wenn eine solche See bricht und an Deck eines Schiffes stürzt" (Kent).

Dem Neuling kommt sicher alles wie ein Glücksspiel vor — jedoch eine zerbrechliche elektrische Birne wird den schlimmsten Orkan unbeschädigt überstehen. Der Segler weiß, daß das nachgebende Schilfrohr nicht bricht; sein Leitgedanke ist, den Schlag aufzufangen und List gegen Gewalt zu stellen. Er weiß, daß sich Ingrimm an passivem Widerstand totläuft und daß derjenige, der kämpft und dann wegläuft, am Leben bleibt, um anderntags den Kampf fortzuführen.

7. Die See aller Seen

Es gibt noch andere Bezeichnungen dafür — „gelegentliche Monstersee", „abnorme See" oder „katastrophale See". Selbst die sonst so nüchternen Seehandbücher der Admiralität weisen in düsterem Ton auf die Existenz von „Riesenseen" hin, doch lassen sie uns über deren etwaige Höhe beharrlich im dunkeln und geben auch keinerlei Winke, wie man sich diesen Monstren gegenüber verhalten soll.

Wir müssen uns darunter eine Welle vorstellen, die in Höhe und Gestalt in der Weise von der Norm abweicht, daß sie Schiffen aller Größen in besonderem Maß gefährlich wird. Es besteht kein Zweifel über die Existenz solcher Wellen, obwohl man mit ein bißchen Glück ein Leben auf See verbringen kann, ohne einer zu begegnen.

Normalerweise entstehen sie in hohen Breiten sowie den tropischen Wirbelsturmzonen, und so manche Tragödie, „Verschollen auf See", mag auf ihr Konto gehen.

Ich selbst habe nur einmal eine solche Welle gesehen, wobei ich mich glücklicherweise nicht auf See befand, sondern auf einem Felsen am Strand bei Kap Hangclip. Es herrschte voller Sturm, in dessen Gefolge sich eine gewaltige See aufgebaut hatte, die ich mit gewisser professioneller Neugier betrachtete und mir vorstellte, wie es einem kleinen Schiff bei solchem Wetter ergehen würde. Kein Schiffer würde natürlich bei derartigem Wind irgendwelche Segel stehen lassen; und auf jedem Fahrzeug, ob groß oder klein, wäre es nicht gerade gemütlich. Doch glaubte ich, daß ein gutes kleines Schiff bei richtiger Handhabung den Sturm hätte abreiten können, entweder durch Nachschleppen von Trossen, quer zur See, oder vor ausgebrachtem Treibanker.

Damit gab ich mich zufrieden. — Doch dann sah ich die „See aller Seen", und seitdem fühle ich mich bei schwerem Seegang auf kleinem Schiff nie mehr ganz wohl.

Deutlich war zu sehen, wie sie die übrigen Seen weit überragte, doch das Beeindruckende war nicht so sehr ihre Höhe als vielmehr ihre Gestalt. Denn die Vorkante der Welle erschien als senkrechte Wasserwand; überhaupt stand ihr ganzes Benehmen in völligem Widerspruch zu normalen Sturmseen.

Fast jeder weiß, wie eine See bei flacher werdendem Wasser an Steilheit zunimmt, und der Kamm möglicherweise (bei genügend hoher See) überkippt und mit Donnergetöse ins Wellental stürzt. So sah es bei dieser See zwar auch aus, doch mit dem erschreckenden Unterschied, daß sie ununterbrochen nach vorne stürzte, so den Eindruck erweckend, als ergösse sich ein schäumender Wasserfall, dessen Geschwindigkeit wohl 30 kn und mehr betrug, über die Wasseroberfläche.

Unvermeidlich stellt sich dann die Frage, was mit einem verhältnismäßig ruhig daliegenden kleinen Schiff geschieht, das mit einer mit 30 kn daherkommenden senkrechten Wasserwand konfrontiert wird.

Es ist diese Frage, die ich behandeln will, wobei wir die Aussagen einer Reihe von Leuten zu Rate ziehen müssen, die für sich auf Grund bitterer Erfahrung in Anspruch nehmen können, über die Folgen Bescheid zu wissen.

Dazu gehören etwa die Crew der „Typhoon", der „Sandefjord" und der „Les Quatre Vents", die alle der Meinung sind, einer solchen See begegnet zu sein mit zum Teil aufregenden, aber auch verhängnisvollen Folgen.

Der jüngste Fall ist der von Miles Smeeton, der von zwei derartigen Erlebnissen in seinem Buch „Once is Enough" berichtet. Dieser Bericht steht in starkem Gegensatz zu vielen anderen Segelmärchen aus der Feder tölpelhafter Anfänger, die mit elenden Seelenverkäufern in See gehen, deren Rigg man noch die Almosen ansieht, denen es sein Leben verdankt, und die verdientermaßen an Verhältnissen scheitern, die ein gutes Schiff mit fähigem Kapitän spielend gemeistert hätte. „Tzu Hang" jedenfalls war ein gutes kleines Schiff, 42 ft. (13,80 m) L.ü.a., nicht ausgesprochen schnell, doch mit seegängigen Linien. Die Crew bestand aus Miles Smeeton, seiner Frau sowie dem jungen John Guzzwell. Das Schiff war stark, gesund und gut ausgerüstet und wurde von erstklassigen Seeleuten geführt.

Es hatte schon viele schwere Stürme überstanden, und obwohl die Smeetons dieses Mal das berüchtigte Kap Hoorn ostwärts umrunden wollten, hatten sie ausreichendes Zutrauen zu sich selbst und den Fähigkeiten ihres Schiffes. Selbst als sie, bei Annäherung an das Kap, mit sehr schwerem Wetter zu kämpfen hatten und gezwungen waren, vor Topp und Takel zu lenzen und Trossen nachzuschleppen, hatten sie das beruhigende Gefühl, daß ihr Schiff sie bereits sicher durch ebensolches, wenn nicht schlimmeres Wetter gebracht hatte.

Doch dann kam ohne Vorwarnung eine riesige See, erfaßte „Tzu Hang" und ließ sie mit einem brutalen Salto über Kopf gehen, wonach sie nichts mehr war als ein entmastetes, vollgeschlagenes Wrack mit leergefegtem Deck, fortgerissenem Deckshaus und unbeschreiblichem Durcheinander unter Deck. Es ist erstaunlich und packend zu lesen, wie sie unter Notrigg schließlich einen chilenischen Hafen erreichen und ihr Boot mit neuen Masten versehen und wieder instandsetzen.

Doch ist die Geschichte hier noch nicht zu Ende. Noch einmal starten sie in Richtung Kap Hoorn, allerdings ohne John, der dazu keine Zeit mehr hatte. Und wieder gerieten sie in die unvermeidliche starke Depression. Bei dieser Gelegenheit hatten sie eine verständliche Abneigung gegen das Ablaufen vor dem Sturm, sei es mit oder ohne Trossen. Deshalb zogen sie es vor, ohne einen Fetzen Segel quer zur See zu liegen — was allgemein als völlig seemännisches Verhalten gilt. — Und wieder packte sie die „Riesensee", die das Boot diesmal verächtlich überrollte als wäre es ein Faß, und es wiederum als ein kaum schwimmfähiges Wrack zurück ließ. Wie sie dann ohne fremde Hilfe erneut einen Hafen erreichten, bringt eine Geschichte zu Ende, die jeder Fahrtensegler lesen sollte.

Aus diesem wie anderen Berichten ergibt sich für uns ein ziemlich klares Bild davon, was in jedem einzelnen Fall vor sich ging — und in allen geschah ähnliches. Die vordringende Wasserwand stürzt sich dem Boot entgegen. Noch bevor sie es erreicht, erfaßt sie die Trossen (falls solche nachgeschleppt werden) und reißt sie in losen Buchten mit nach vorn, wobei sie deren Bremswirkung vermindert oder völlig zunichte macht.

Zeigt das Heck zu See, gerät das Boot schlagartig in eine „Kopfüber"-Stellung.

Der Bug schneidet unter, und teils infolge der Schwungkraft des schweren Kiels, teils durch die vorandrängende See selbst wird das Schiff vornüber geschleudert, um entweder mit dem Deck wieder aufzuschlagen, oder, sollte der schwere Kiel die

Oberhand gewinnen, durch seitliche Verdrehung breitseits zu landen.

Mit dem Bug zur See wird das gleiche geschehen, während das Boot geradewegs von der Welle überrollt wird, wenn es quer zu ihr liegt.

Hätte man die Wahl, so scheint es den Berichten nach günstiger zu sein, sich überrollen zu lassen, als kopfüber zu gehen. In jedem Fall muß man sich glücklich schätzen, wenn man überhaupt überlebt, und mit ziemlicher Wahrscheinlichkeit wird man die Masten verlieren und erheblichen weiteren Schaden erleiden.

Es ist eine in jeder Hinsicht unangenehme Vorstellung, und nur zögernd sieht man schließlich ein, daß es Bedingungen gibt, denen gegenüber keine noch so großartige Fertigkeit, Mut, Sorgfalt oder Ausrüstung ausreichen, um ein kleines Schiff vor der Katastrophe zu bewahren.

Ich glaube, daß die Mehrzahl der Segler sich davor hütet, dieser Tatsache klar ins Auge zu sehen.

Statt dessen geben sie vor, das betreffende Schiff sei zu schnell abgelaufen, von einer Sturzsee überrollt oder quergeschlagen, und dann durch eine nachfolgende See zum Kentern gebracht worden; nur wenige Leute scheinen jedenfalls einsehen zu wollen, daß ein Schiff sich buchstäblich überschlagen kann.

Doch Smeetons Buch enthält die Fotografie einer See, die von Bord eines in der Dänemarkstraße beigedreht liegenden Kriegsschiffes gemacht wurde, bei der ich mich frage, ob es irgendeinen Hochseesegler gibt, dem es bei ihrem Anblick nicht kalt über den Rücken läuft, und der nicht zugibt, daß einem in ihrem Weg liegenden Schiff alles nur Erdenkliche zustoßen kann, wobei das Kopfübergehen eingeschlossen ist. Man sehe sich dazu das Foto auf Seite 49 an.

Ich habe mit verschiedenen Leuten darüber gesprochen, die erhebliche Erfahrungen als Hochseesegler hatten. Dem Foto gegenüber zeigten sie zunächst höllischen Respekt, um es danach nur noch mit scheuen Seitenblicken zu mustern.

Überall habe ich die übereinstimmende Meinung vorgefunden, daß es auf allen Sieben Meeren kein Schiff gibt, das von einer See dieser Höhe und Gestalt nicht wenigstens von vorn bis achtern überrannt würde und dabei mehr oder weniger großen Schaden erlitte.

Weiter waren, soweit es kleine Schiffe betrifft, alle der Meinung, daß es keinem unter 100 Fuß (30,48 m) möglich sei, einer solchen See zu trotzen und sie zu meistern. Fast alle glaubten, wie auch ich, daß Seen, die mit hoher Geschwindigkeit dahermarschieren und deren Vorkante einen Winkel von 45° überschreitet, von keinem Schiff, eingeschlossen die größten Passagierschiffe, genommen werden können.

Das Schiff würde die Welle nehmen soweit wie möglich, doch dann je nach Größe sie innerhalb von Sekunds entweder durchbohren oder von ihr niedergeschmettert werden.

Dem Phänomen einer See gegenübergestellt, die „unpassierbar" ist, sucht man nach Möglichkeiten, mit möglichst geringem Schaden davonzukommen. Es scheint so, als wären das Nachschleppen von Trossen oder das Liegen vor Topp und Takel absolut keine Antworten darauf. Was soll man tun? Etwa Öl verwenden? Angenommen Öl hätte irgendeine Wirkung auf Wellen solcher Art, was zu bezweifeln ist, würden sicher Unmengen davon erforderlich sein. Der Haken dabei ist, daß man, weil Monsterseen ihr Erscheinen in keiner Weise ankündigen, unentwegt große Mengen Öl verbreiten müßte, nur auf die geringe Chance hin, überhaupt einer zu begegnen. Ein Tanker könnte sich das vielleicht leisten.

Eine normale Yacht hätte niemals die nötige Menge Öl an Bord, obwohl Smeeton zögernd den Vorschlag macht, daß eingebaute Sturmöltanks vielleicht von Nutzen sein könnten. Niemand kann das beurteilen. Jedenfalls wäre es noch lange nicht die Ideallösung.

Ein Gerät haben wir bisher ausgelassen: den Treibanker. Nach erheblichen, zuweilen recht hitzigen Debatten scheinen die meisten Ozeansegler die Überzeugung gewonnen zu haben, daß ein Treibanker zwar keine Patentlösung sei, man mit seiner Hilfe aber das Beste aus einer schlimmen Lage machen könne. Doch auch hier gibt es erhebliche Einschränkungen. Zunächst darf man nicht glauben, daß ein Treibanker dem Boot hilft, eine See besser zu nehmen. Im Gegenteil, je nachdem wo er ausgebracht wird, macht er das Schiff bug- oder hecklastig. Trotz alledem würde er es entweder Bug oder Heck voraus durch eine See hindurchzerren, wodurch weniger Schaden entstünde, als wenn man über Kopf ginge oder überrollt würde; obwohl es schwer vorstellbar ist, daß nach solchem Schauspiel noch etwas vom Mast übrigbleibt. Doch zeigt dabei wenigstens die richtige Seite nach oben.

Aber, und zwar ein großes Aber, wie groß müßte ein Treibanker sein, der nicht nur Bug (oder Heck) eines kleinen Schiffes in der See halten, sondern seinem Auftrieb und den dynamischen Kräften einer sich schnell fortbewegenden großen See entgegenwirken soll, um das Schiff geradewegs durch sie hindurchzuzerren. Und aus welchem Material soll man ihn herstellen, wenn man schließlich seine Konstruktion zustande gebracht hat, und wo will man ihn verstauen? Was soll man als Ankertrosse verwenden und, jetzt kommt die Kardinalfrage, wo am Schiff soll man diese belegen?

Ich habe einige Erfahrungen mit Treibankern und bin zu dem Schluß gekommen, sie an etwas zu befestigen, dessen Verlust man hinnehmen kann.

Für die meisten von uns haben diese Fragen akademischen Charakter, für andere bleibt es vielleicht nicht immer so, denn es gibt viele Leute (dazu gehöre ich auch), die wenigstens noch einmal eine Hochseelangfahrt unternehmen wollen, bevor sie endgültig den Anker fallen lassen.

Ich sähe es gerne, wenn sich die Diskussionsgruppe erweitern würde und neue Ideen beigesteuert werden könnten. Wenn Sie also, die Sie jetzt diese Zeilen lesen, irgendwelche Erfahrungen machen konnten bezüglich der Entstehung, der Gestalt und Geschwindigkeit solcher Seen, und was weit wichtiger ist, wie man sie vermeiden, überlisten, gegen sie bestehen oder sie überleben kann, greifen Sie zur Feder und schreiben Sie uns.

Zusammen könnten wir dann vielleicht zu einer Lösung oder Sicherheitsvorkehrung kommen.

Es wäre beruhigend, wenn irgendwann einmal der Kapitän eines kleinen Schiffes, das in einen schweren Sturm gerät, der See aller Seen nicht völlig hilflos gegenüberstehen müßte, sondern ihr wenigstens mit einem Funken Zuversicht entgegensehen könnte.

8. Das Schiff

Der rechte Zeitpunkt, um sich gegen schweres Wetter zu schützen, ist bereits während der Konstruktion gekommen, bevor man das Boot überhaupt baut; und man wird sehen, daß man von Anfang an vor die Notwendigkeit gestellt wird, in jeder Hinsicht Kompromisse schließen zu müssen.

Das perfekte „sturmsichere" Boot wäre eine Kugel ohne Erhebungen und Vertiefungen. In solchem Fahrzeug würde man den schwersten Sturm, wenn schon nicht gerade bequem, so doch in Sicherheit abwettern, wie die von den Japanern als Bojen ihrer Netze verwendeten hohlen Glaskörper bezeugen, die oft unbeschädigt an Küsten gespült werden, die Tausende von Meilen von ihrer Heimat entfernt sind. Doch kann man sich schwer vorstellen, wie so ein Boot unter Segeln oder sonstwie fortbewegt werden und auf welche Weise man sich an Bord einrichten sollte. Die Form unseres Traumbootes muß also zwangsläufig erheblich von dieser simplen Konzeption abweichen. Doch ergibt sich aus allem ein Anhaltspunkt — die Natur hat eine Vorliebe für Kurven (wir etwa nicht auch?).

Allgemein kann man sagen, daß ein Boot, je sanftkurviger seine Linien sind, desto freundlicher in der See liegen wird, und man sollte tunlichst jede platte Oberfläche vermeiden. Man will ja aber auch an Bord leben und arbeiten, und außerdem muß die Form des Rumpfes Reibung und Widerstand auf ein Mindestmaß beschränken, so daß man erneut zu Kompromissen gezwungen ist. Man hat darüber getüftelt seitdem es Boote gibt, und Erfahrungen, Versuche und Fehlschläge haben schließlich zu Rümpfen geführt, die den besten Kompromiß darzustellen scheinen. Der sicherste (wenn auch nicht der schnellste) Rumpf für eine Kreuzeryacht ist deshalb vollspantig bei reichlicher Breite und gefälligen Linien; dahin gelangt gewöhnlich auch der erfahrene Konstrukteur, dem freie Hand gelassen und der nicht durch Forderungen nach Schnelligkeit oder schmale Bemessung der veranschlagten Kosten behindert wird. Man kann sagen, daß die

Linien eines guten, nach konservativen Maßstäben gebauten modernen Schiffes das für uns Geeignete darstellen.

Bezüglich des Materials und dessen Stärke stehen uns die Erfahrungen aus Jahrhunderten zur Verfügung und man kann sicher sein, daß bei guter Verarbeitung und solidem Material der Rumpf zusammenhalten wird, solange man nicht auf irgend etwas Härteres als Wasser stößt.

In Fragen der Aufbauten, der Beschläge, der Maststellung und Takelage ist man sich weniger einig, so daß es einen erheblichen Wirbel verursacht, sobald man eine bestimmte Richtung verficht. Vielen Seglern wird ein Teil der folgenden Anmerkungen gar nicht behagen, und sie sollen ihren Protest auch gerne kundtun, solange sie sich klar darüber bleiben, daß wir ein Boot im Auge haben, das speziell für Gegenden konstruiert wird, in denen wirklich schwere Seen anzutreffen sind.

Aufbauten: Ein glattes Deck stellt das Ideal dar; ist das nicht zu verwirklichen, sollten sämtliche Aufbauten so niedrig wie möglich, außergewöhnlich stabil und derart abgerundet sein, daß sie einem Schildkrötenrücken zum Verwechseln ähnlich werden.

Bullaugen: Mehrere kleine sind wenigen großen vorzuziehen, und Fenster sind wie die Pest zu meiden. Will man auf ein Deckshaus nicht verzichten, so baue man es, doch denke man daran, daß man es mit großer Wahrscheinlichkeit einbüßt, sollte eine wirklich schwere See an Deck steigen.

Lukendeckel müssen stark gebaut sein und verschalkt werden können; außerdem sollten die Hauptöffnungen des Rumpfes durch Schotten oder ähnliches verschließbar sein, damit sie hartem Seeschlag gewachsen sind. Wenn ein Cockpit vorhanden ist, muß es selbstlenzend sein, und zwar durch ausreichend dimensionierte Lenzrohre.

Backskisten, die vom Cockpit aus zu öffnen sind, sind zu vermeiden.

Eine Möglichkeit, Leinen zu belegen, sollte am Bug und Heck vorhanden sein; und zwar sind große durchgehende Poller (Betings), die nicht stark genug sein können, am besten geeignet. Es ist erschreckend, auf wie vielen Booten am Heck lediglich ein paar völlig nichtiger Klampen vorhanden ist, die beim ersten massiven Zug davonfliegen würden. Verholklüsen, die die stärkste an Bord befindliche Leine aufnehmen müssen, und so angebracht sein sollen, daß sie möglichst in der Mittschiffslinie wirken, sollten neben den normalerweise benutzten Lippen zusätzlich vorhanden sein, wenn diese den besonderen Zweck nicht erfüllen.

Ruderzapfen und Fingerlinge sollten überdimensioniert, so stark wie möglich und besonders gewissenhaft befestigt sein. Das gleiche gilt für den Stevenbeschlag, die Püttings und sonstigen Beschläge an Deck.

Eine Ausnahme bilden die Relingstützen: ihrem Zweck entsprechend sollten sie ausreichend stark, doch nicht zu tief verankert sein, damit sie nicht ernsten Schaden anrichten, sollten sie bei einer Kollision oder anderer Gelegenheit herausgerissen werden.

Für große Bullaugen sollte man Blenden parat haben. „Fenster" sind keine gute Erfindung; sind solche vorhanden, sollten starke Schutzhauben bereitliegen, die darüber gebolzt werden können. — Gleiches gilt für Oberlichter.

Das Deck soll so frei wie möglich bleiben ohne unnötige Vorsprünge und Sülls.

Vorteilhaft wäre es, einen vorhandenen Bugspriet im Notfall an Deck nehmen zu können, doch läßt sich so etwas auf modernen Schiffen nur unter Schwierigkeiten einrichten.

Jede Unterwasseröffnung muß bündig und gewissenhaft angepaßt werden und mit einem Seeventil versehen sein; *die Seeventile überprüfe man laufend auf Gängigkeit.*

Ein geplanktes Schanzkleid bietet ein weiteres kleineres Problem. Wenn wir auch annehmen, daß es mit Speigatten versehen ist, brauchen auch reichlich bemessene eine gewisse Zeit, um eine volle Decksladung Wasser abzuleiten, wahrscheinlich lange genug, um von einer neuen bedrängt zu werden. Die alten portugiesischen Seeleute verfügten über eine äußerst simple Methode; sie benutzten für ihr Schanzkleid dünne, nicht übermäßig sicher befestigte Planken, von denen eine gefährliche Ladung Wasser einfach einige mit sich riß, um so „automatisch" die erforderliche Größe für die Speigatten zu schaffen. Etwas schluderig vielleicht, doch ist der Grundgedanke richtig.

Besitzt man ein *Segel*schiff, höre man nicht auf irgendwelche Wichtigtuer, die den Niedergang, den Aufbau und sonstige hervorlugenden Decksverschönerungen, wie sie sagen aerodynamisch ausgestalten wollen — dazu noch in Mittschiffsrichtung, in der doch Wind und Wasser fast niemals über ein Schiff hinweggehen. Nach kurzer Überlegung wird man einsehen, daß eine Stromliniengebung nur dann von Nutzen sein kann, wenn sie annähernd kreisförmig ausgeführt wird.

Zur Inneneinrichtung ist nicht viel zu sagen, wenn man sich zu herkömmlicher Anordnung entschließt. Man achte darauf, daß alles, was irgendwo befestigt ist, sicher befestigt ist, und man dränge den Wunsch nach einem großen, kaum unterteilten Raum etwas in den Hintergrund; denn je weiter man fällt, desto härter trifft man auf. Überall, wo man zufällig stehen könnte, muß sich also in Reichweite irgendein stabiler Griff befinden.

Takelage

Slup, Kutter, Ketch, Yawl, Schoner, Brigantine, Toppsegelschoner — alle haben sie ihre Anhänger. Es ist eine Frage des Geschmacks, wobei man aber daran denke, daß man von einem Mann nicht verlangen kann, mehr als 50 m² Segeltuch zu bewältigen.

Außerdem erinnere man sich daran, daß wir ein Boot besprechen, das speziell für schweres Wetter gedacht ist, und bei dem die Geschwindigkeit eine sekundäre Rolle spielt. Hier rühren wir an einen Punkt, der einen schon schwerer zu entscheidenden Kompromiß erfordert. Denn während 85 % seiner Zeit sucht der Hochseesegler nach Möglichkeiten, mehr Segel zu setzen, um vielleicht noch einen weiteren halben Knoten herauszuholen. Während 10 % der Zeit wird das Boot bei einem für seine normale Besegelung „maßgeschneiderten" Wind munter drauflosmarschieren und während ungefähr 5 % der Zeit wird man unter Trysegel oder vor Topp und Takel liegen und sich fragen, ob es nicht vernünftiger wäre, in der Sahara Datteln anzubauen.

Unser Wunsch geht also dahin, ein Boot mit reichlicher Normalbesegelung zu bekommen, die leicht und zuverlässig geborgen werden kann.

Der Segelplan sollte sämtliche Segel binnenbords vorsehen bei größtmöglicher Segelfläche an kürzestmöglichem Mast.

Damit wären wir wieder beim alten Streit zwischen Gaffel- und Hochtakelung, der nun schon so lange und mit solcher Heftigkeit geführt wird, daß die jeweiligen Vertreter ihre Meinung in dickköpfigster Weise verfechten und nur wenige einsehen wollen, daß die Gegenseite auch nur irgend etwas Empfehlenswertes vorzubringen hätte. Noch dazu gibt es kaum Sportsegler, die jemals ein gaffelgetakeltes Fahrzeug geführt haben, eine verschwindend geringe Anzahl aber hat keine Erfahrung mit der Hochtakelung.

Wir wollen den Kampf neu beleben und mit ein bißchen gesundem Menschenverstand an die Sache herangehen.

Gaffeltakelage	Hochtakelung
Hoch am Wind langsamer	Hoch am Wind schneller
Mehr laufendes Gut	Weniger laufendes Gut
Größerer Windfang	Kleinerer Windfang
Kurzer Mast — kleines Vorsegeldreieck	Hoher Mast, großes Vorsegeldreieck
Stehendes Achterstag nicht möglich	Stehendes Achterstag möglich
Verstagung unterhalb der Saling unmöglich	Verstagung unterhalb der Saling möglich

Es scheint als würde die Hochtakelung diesen Vergleich eindeutig für sich entscheiden. Doch wir werden gleich sehen, was die Gaffeltakelage für sich anzuführen versteht.

Gaffeltakelage	Hochtakelung
Schneller vor dem Wind	Langsamer vor dem Wind
Toppsegel vorhanden	Kein Toppsegel vorhanden
Kann mehr Segel dort „oben" setzen, wo der Wind weht	Verjüngt sich gerade dort, wo man sich Segelfläche wünscht
Verhältnis der Breite zur Masthöhe günstig für die Verstagung	Für die Verstagung ungünstiges Verhältnis zwischen Breite und Masthöhe
Schamfilgefahr gering	Schamfilgefahr groß
Unempfindlich gegen lose Verstagung	Verstagung muß eine bestimmte Spannung haben
Segel kann auf jedem Kurs geborgen werden	Läßt sich nur bergen, wenn Vorliek killt
Kann kaum verklemmen	Kann aufgrund beschädigter Mastschiene oder Nut unwiderbringlich verklemmen.

Zu meiner Linken, der Sieger — die Gaffel!

Die See aller Seen (zum Text Seite 41)

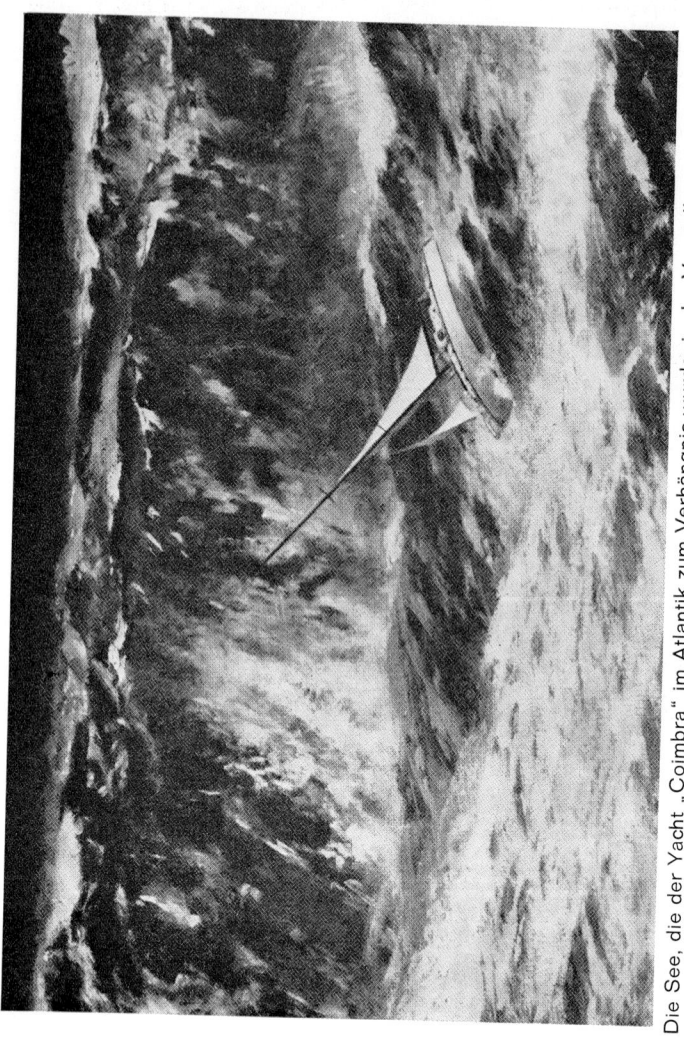

Die See, die der Yacht „Coimbra" im Atlantik zum Verhängnis wurde, in der Vorstellung eines Malers

In flachem Wasser brechende See

Vor Kap Agulhas

Bei durch Wind verursachten Meereswellen unterscheidet man grundsätzlich 2 Hauptarten: Windsee und Dünung. Windsee nennt man die vom Wind an Ort und Stelle erzeugten Wellen, Dünung dagegen sind die Wellen, die aus einem anderen Seegebiet (wo sie zu einem früheren Zeitpunkt als Windsee entstanden) heranlaufen.

Nach dem Aussehen der Windsee kann man die herrschende Windstärke abschätzen. Die Schätzung wird erleichtert durch eine international festgelegte Skala bestimmter charakteristischer Merkmale der Auswirkungen der verschiedenen Windstärken auf die See (Beaufort-Skala), die schon aus der Segelschiffszeit stammt. Wellensysteme werden neuerdings auch mehr und mehr durch die Begriffe „Wellenhöh" und „Wellenperiode" gekennzeichnet, Eigenschaften, die allerdings bei gleicher Windstärke örtlich und zeitlich beträchtliche Schwankungen aufweisen können. So hängt die Stärke der Windsee z. B. davon ab, ob die Luft kälter ist als das Wasser, oder wärmer. Luft, die kälter ist als das Wasser, greift bei gleicher Windgeschwindigkeit stärker in die Wasseroberfläche ein, als Luft, die wärmer ist als das Wasser. Auch die Wassertiefe beeinflußt die Wellenbildung. Jeder Hochseesegler weiß, daß starker Wind auf flachen Gewässern (z. B. Ostsee) niedrigere, aber kürzere und steilere Windsee aufwirft, als gleichstarker Wind im Atlantik. Die Wellenentwicklung hinkt bei Änderungen der Windstärke auch stets etwas nach, d. h. z. B. bei aufkommendem Sturm ist die Windsee erst Stunden später „ausgereift". Schließlich spielt auch die Anlaufstrecke („fetch") eine Rolle. So herrscht an einer Leeküste dicht unter Land nur eine „unterentwickelte" Windsee. Die höchsten Wellen dagegen sind dort zu erwarten, wo dauerhafter Orkan über lange Strecken ungehindert einwirken kann.

Die folgenden Bilder geben Beispiele für das Aussehen der See bei den Windstärken 6 bis 11 Beaufort mit den charakteristischen Merkmalen. Die Aufnahmen wurden durchweg aus einer Augenhöhe von 6 bis 8 m und meist schräg von vorn gegen die anlaufende See bei „Kaltluft" und großer Wassertiefe gemacht, sind daher untereinander vergleichbar und geben Einblicke in die Struktur der Wellensysteme. Absichtlich wurde (im Vordergrund) meist ein Stück Reeling oder dergleichen als Größenmaßstab mitfotografiert. Bilder aus der geringen Augenhöhe eines Yachtdecks würden bei starkem Wind oder gar Sturm meist nur die nächste hohe Welle zeigen, die zwar „fotogen" und eindrucksvoll sein kann, dabei aber alles weitere verdeckt und keineswegs typisch für eine bestimmte Windstärke zu sein braucht.

Dr. F. Krügler

Windstärke 6 = Starker Wind
Die Bildung großer Wellen beginnt. Kämme brechen und hinterlassen größere weiße Schaumflächen; etwas Gischt.

Windstärke 7 = Steifer Wind
See türmt sich; der beim Brechen entstehende weiße Schaum
beginnt, sich in Streifen in die Windrichtung zu legen.

Windstärke 8 = Stürmischer Wind
Mäßig hohe Wellenberge mit Kämmen von beträchtlicher Länge.
Von den Kanten der Kämme beginnt Gischt abzuwehen.
Der Schaum legt sich in gut ausgeprägten Streifen in die
Windrichtung.

Windstärke 9 = Sturm
Hohe Wellenberge, dichte Schaumstreifen in Windrichtung. Das
Rollen der See beginnt. Der Gischt kann schon die Sicht
beeinträchtigen.

Windstärke 10 = Schwerer Sturm
Sehr hohe Wellenberge mit langen überbrechenden Kämmen.
Die See ist weiß durch Schaum. Rollen der See schwer und stoß-
artig. Sicht durch Gischt beeinträchtigt.

Windstärke 11 = Orkanartiger Sturm
Außergewöhnlich hohe Wellenberge. Die Kanten der Wellenkämme
werden überall zu Gischt zerblasen. Die Sicht ist herabgesetzt.

Tritt eine starke Windsee gleichzeitig mit einer anders gerichteten hohen Dünung auf, bilden sich häufig hohe Kreuzseen aus.

Bei Überlagerungen zweier oder mehrerer hoher Wellensysteme (Windsee und Dünungen) können gelegentlich extrem hohe Einzelseen („Kaventsmänner") auftreten, deren Brecher besonders gefährlich sein können. Einzelne sogenannte „grüne Seen" können das doppelte, in seltenen Fällen sogar die dreifache Höhe der jeweiligen mittleren Wellenhöhe erreichen.

Ein Punkt-für-Punkt-Vergleich würde zeigen, daß die Gaffel-takelage klarer Sieger ist, wenn man nicht übersieht, daß wir über Langfahrtboote sprechen, die schwerem Wetter begegnen können.

Die einzigen Gewinnpunkte, die ein hochgetakeltes Schiff für sich in Anspruch nehmen kann, beziehen sich aufs Regattasegeln, wobei niemand bezweifelt, daß es unter sonst gleichen Bedingungen ein Schiff mit Gaffel auf einem Dreieckkurs fast immer schlagen wird.

Doch wollen wir keine Regatten in Hafennähe segeln, wo andere Boote uns behilflich sein können, sollten wir in irgendwelche Schwierigkeiten geraten. Wir gehen hinaus ins Blaue, wo wir uns selber helfen müssen, wenn uns irgend etwas zustößt, wo Sicherheit und Zuverlässigkeit mehr bedeuten als Geschwindigkeit — und wo der Anteil an Vorwindkursen überwiegt.

Und unter solchen Umständen, meine Herren, stellt die Hochtakelung eine dummerhaftige und unseemännische Mißbildung dar.

Man sehe sich die zwei Takelungsarten auf Abb. 8 an. Bei der einen wird sämtliche vorhandene Fläche ausgenützt, bei der anderen nur die Hälfte, die zusätzlich hohe Masten erforderlich macht, die wieder anfälliger gegen Beschädigungen sind.

Stellen wir uns einige mögliche Notsituationen vor — und entscheiden wir uns dann.

Wir segeln des Nachts unter vollen Segeln. Eine heftige Bö trifft uns ohne Vorwarnung, so daß das Großsegel augenblicklich geborgen werden muß. Bei der Gaffel sieht die Vorstellung so aus: Man werfe Klau- und Piekfall los. Das Großsegel kommt von selbst herunter, und zwar auf *jedem* Kurs. Nehmen wir an, daß wir (als gute Seeleute) in Luv etwas angedirkt haben, so wird der Baum auch noch unter Kontrolle sein. Die Gaffel und das halbe Segel liegen möglicherweise in Lee im Wasser, doch kann man das in Muße wieder in Ordnung bringen. Der Witz bei der ganzen Geschichte ist, daß wir das Großsegel „schneller" als nötig geborgen haben.

Jetzt wollen wir einmal das gleiche mit einem Bermudasegel versuchen, und zwar auch in dunkler Nacht bei einer Bö von vielleicht 50 mph (Stärke 9). Es wird ein „Alle-Mann-Manöver", das Liek herunterzuholen, während der Rudergänger sich

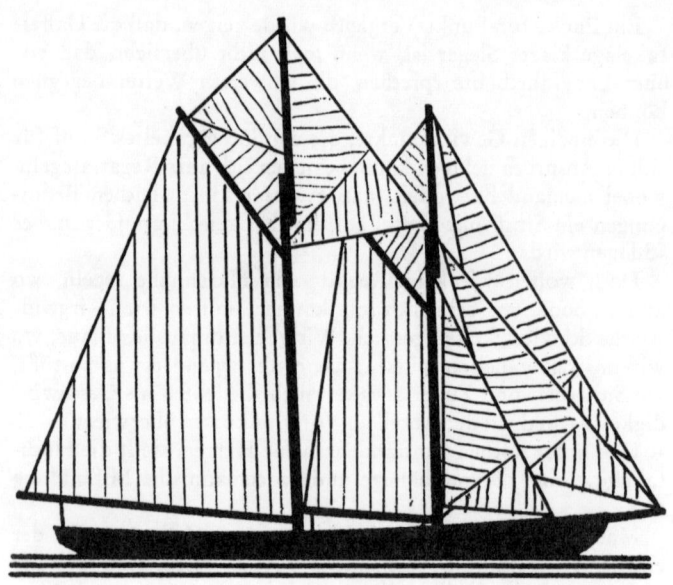

Abb. 8 Ein Fischer der Neufundlandbänke unter Normalbesegelung

abmüht, es ausreichend killen zu lassen, um die Arbeit zu erleichtern, ohne dabei den Mast über Bord zu wippen; und fortwährend werden uns klemmende Rutscher das Leben schwer machen; wenn noch dazu unter dem Druck des Windes sich der Mast durchbiegt und die Mastschiene verkantet (oder die Nut beschädigt wird) — nun denn, die Schenken sind voll von frühzeitig ergrauten Seglern, die die Erinnerung daran ertränken wollen, daß sie einmal während einer plötzlichen Bö mit verklemmter Mastschiene dasaßen.

Stellen wir uns vor, daß der Wind zunimmt, so daß wir alle Segel bergen müssen, um ihn abzureiten. Der hohe Bermudamast bietet dann viel mehr Windfang und das Schiff wird vor Anker, Treibanker oder treibenderweise entsprechend reagieren. Jedem Segler ist es schon aufgefallen, daß hochgetakelte Yachten an ihrer Muring während eines Sturmes bis zum Scheergang wegkrängen, während die gaffelgetakelten Nachbarn mit ihren

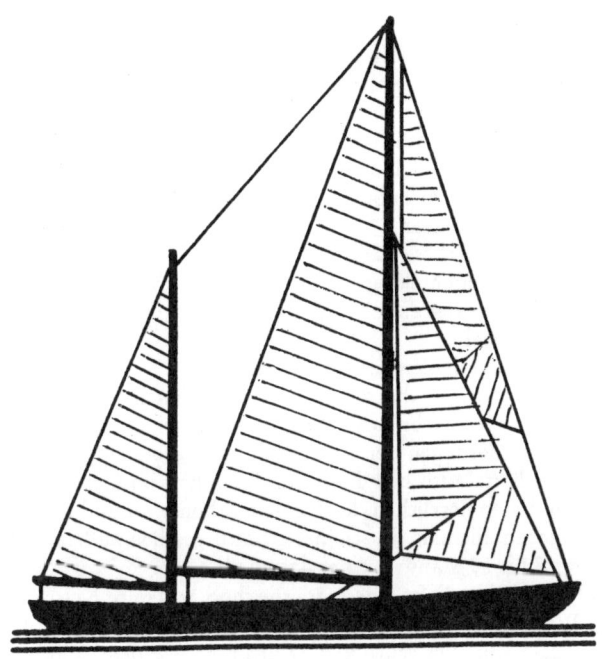

Abb. 9 Eine moderne, hochgetakelte Yacht unter Normalbesegelung

untersetzten Masten die Böen kaum zu bemerken scheinen. Außerdem bietet sich der kürzere Gaffelmast, der auf relativ breiter Basis verstagt werden kann, dem Konstrukteur als weit gediegenere Aufgabe an.

Gegner der Gaffel bringen immer wieder vor, daß diese bei leichten Winden und Flaute nichts anderes darstelle als ein hin und her schlagendes lästiges Ärgernis. Dazu ist zu sagen, daß man das Schlagen mit Hilfe einer Geer beseitigen kann; doch die einzig richtige Antwort darauf (für den Fahrtensegler) wäre die, das Großsegel zu bergen und für ein bißchen Ruhe und Frieden zu sorgen; denn wenn der Wind *derartig* flau geworden ist, beansprucht man nur unnötig das Geschirr und seine Nerven und käme doch sowieso kaum von der Stelle.

Wir wollen uns nicht unnötig erhitzen, sondern Abb. 8 betrachten. Die obere Hälfte zeigt einen Schoner der Neufundlandbänke unter Normalbesegelung, ein Berufsfischerfahrzeug, das konstruiert, gebaut und getakelt war, um:

1. es mit jeder See aufnehmen zu können; denn die Neufundlandbänke bieten kaum vorstellbar harte Verhältnisse;
2. Stehvermögen zu haben; die Fähigkeit, sich von einer Leeküste freizukreuzen.

Außerdem waren diese Schiffe:

3. robust, um monatelang auf See bleiben zu können;
4. schnell, denn das erste Schiff zu Haus im Hafen erreichte die höchsten Preise;
5. leicht zu handhaben und wirtschaftlich.

Alle diese Eigenschaften waren funktionell bedingt; die „Banker" waren Gebrauchsfahrzeuge und bei ihrem Bau kam man den Forderungen der See und des Gewerbes entgegen; und wie so oft hatte auch hier Funktion Schönheit im Gefolge; man sehe sich diesen herrlichen, kraftvollen Schoner an und muß einfach zugeben, niemals ein schöneres Schiff gesehen zu haben. Besatzung, 7 bis 10 Mann — einer davon als Koch.

Folgend (Abb. 9) ist eine moderne, hochgetakelte Ketsch gleicher Wasserlinienlänge abgebildet. Hoch am Wind wird sie geringfügig schneller sein, doch raumschots vor dem Wind oder auf Hochseelangfahrt wird ihr der Banker hohnlachend davonlaufen.

In unserem Fall gibt es keinen Vergleich zwischen den beiden. Abgesehen davon, daß das gaffelgetakelte Fahrzeug eine Augenweide ist, erfreut es das Herz seines Schiffers, wenn er die verschiedensten Segel setzen kann, um während der 85 % ruhigen Wetters jeden Zentimeter der Bemastung auszunutzen, die dennoch, wenn alle Segel geborgen sind, dem Angriff des Windes zwei kürzere, standfestere Masten bietet.

Wir können daraus lernen. Im allgemeinen findet man bei Gebrauchsfahrzeugen das optimale Rigg — eine große Segelfläche, mit der „der Schiffer und sein Knecht" leicht fertig werden können, um das Schiff schnell, gekonnt, sicher und wirtschaftlich von Punkt A nach Punkt B zu bringen.

9. Erschöpfung

Es war einmal ein Segler, und seine Geschichte ist wahr, der machte eine Einhandreise in der Karibischen See. Er erwischte eine schlimme Ecke, die ihm vier Tage lang schlechtes Wetter bescherte. Als der Wind nachließ, war er sich über seine Position keineswegs im klaren. Er nahm seinen Sextanten und wollte die Sonne schießen. Brachte das aber nicht fertig, weil er:

a) den Sextanten nicht ruhig halten konnte

b) vier? drei? zwei? Sonnen zu sehen glaubte

c) keine einfachen Additions- oder Subtraktionsaufgaben lösen konnte.

Ihm blieb keine andere Wahl als weiterzusegeln, und schon nach kurzer Zeit sichtete er einen einsamen Fischer in seinem Boot. Er freute sich darüber, da das die Nähe des Landes verhieß, und er rief den Fischer an, um seine Position zu erfragen.

Doch der Fischermann antwortete nicht. Er fischte weiter, ohne den Segler auch nur eines Blickes zu würdigen. Offensichtlich ein mürrischer Patron. So segelte unser Freund denn weiter, und bald konnte er Land und einen kleinen Hafen ausmachen. Von diesem Hafen kam ihm ein mit Ausflüglern voll besetzter Vergnügungsdampfer entgegen und passierte in 15 m Abstand. Er rief das Schiff an. Doch keiner an Bord antwortete oder zeigte auch nur das geringste Interesse für seine traurige Lage. „Eingebildete Bande", dachte er bei sich.

Jetzt hieß es, irgend etwas zu unternehmen. Er hatte nach rauher Überfahrt seinen Landfall gemacht und einen geschützten Hafen gefunden. Er lief also in den Hafen ein, und weil niemand ihn auch nur im geringsten beachtete (kein Zollmensch, kein Gesundheitsmensch) suchte er sich eine freie Ecke, warf das Lot, maß 8 Faden (14,60 m) und ankerte.

Dann wankte er durch den Niedergang und streckte sich für 12 Stunden auf dem Fußboden aus.

Als er aufwachte, ging er an Deck. Sein Schiff war sicher verankert. Doch da war kein Hafen, kein Lustdampfer, keine Fischer in ihren Booten, kein Land in Sicht.

Doch er hatte auf 8 Faden geankert; das jedenfalls hatte er tatsächlich vollbracht.

Der Rest war schierer Halluzination entsprungen — Wunschträumen, die pure, maßlose Erschöpfung hervorgerufen hatte.

Sei er Fahrtensegler oder Berufsfischer, für den Kleinschiffer ist Erschöpfung der schlimmste Feind. Stürme kommen und gehen, und ein gutes kleines Schiff unter tüchtiger Führung wird sie abreiten und mit stiebender Gischtfahne weitersegeln; denn Hochseesegelei ist statistisch weniger gefährlich, als mit einem Auto herumzufahren.

Außerdem ist sie billiger, sorgt für weniger Magengeschwüre, ist gesünder und erfreulicher.

Sie kann aber zuweilen aufreibend sein und es ist die daraus folgende Erschöpfung, die zu Schwierigkeiten führt. Sie überreizt die Phantasie und vernebelt den Verstand. Nur unter Schwierigkeiten kann man sich auf einfachste Probleme konzentrieren, deren Lösung oft genug falsch wird. Entscheidungen zu treffen, wird zu einer qualvollen Angelegenheit. Ich habe einmal erlebt, wie ein armer Tropf 20 Minuten lang darüber brütete, ob er lieber eine bitternötige Dose Sardinen öffnen oder in die Koje gehen sollte, um den ebenso bitternötigen Schlaf nachzuholen.

In extremen Fällen kommt es, wie oben geschildert, zu völlig aberwitzigen Traumvorstellungen.

Der total erschlagene Mann verdankt diesen Zustand drei bösen Buben aus der Sippe der Mangelerscheinungen. Sie arbeiten Hand in Hand, und zwar heißen sie: *Mangel an Essen, Mangel an Bequemlichkeit, Mangel an Schlaf.* Dabei ist Nahrungsmangel der weniger drohende Bruder. Im allgemeinen warten immer ausreichend Konservendosen auf den Öffner. Vielleicht kann man den Inhalt nicht immer warm machen; doch stopft man ihn in sich hinein, wenn der Hunger bohrt, wird der Magen sich dankbar damit zufrieden geben. Der Nährwert wird durch das „Warmmachen" nur unbedeutend erhöht, und ein gesunder Mann kann eine ganze Weile ohne Nahrung auskommen.

Das soll nicht heißen, daß ich etwas gegen das Essen habe. Ich habe jahrelang von Konserven gelebt und mag sie sehr gern, doch folgendes ist wichtig. Wenn man selbst oder die Crew müde, kalt, naß und lustlos geworden ist, wird die Stimmung durch eine warme Mahlzeit gewaltig gehoben. Nach fünf Minuten lebt jeder förmlich auf, gibt zu, daß die Eltern des Schiffers wohl doch miteinander verheiratet sind und die drohende Meuterei wird noch einmal verschoben.

An Bord von Berufsfischern, die tagelang auf See bleiben, rangiert der Koch ziemlich hoch, und wenn man den Kapitän vor die Frage stellte, entweder einem guten Steuermann oder einem guten Koch den Laufpaß zu geben, würde er wahrscheinlich in Tränen ausbrechen und die Hilfe eines Psychiaters beanspruchen müssen.

Die nächste Teufelei ist der Mangel an Bequemlichkeit. Man muß ihm vorbeugen, weil er sonst bedrohliche Formen annehmen kann. Wird das Boot unter Deck erst einmal zu einer kalten, klammen, feuchten Tropfsteinhöhle, die Koje zu einer nassen Suhle, und man selbst zu einer bis auf die Haut durchnäßten zittrigen Figur, wird es wohl schwer werden, sich besonders effektvoll zu betätigen. Solchem Übel macht man am besten den Garaus, indem man in Form einer Sonderaktion unter Deck durch Abdichten der Lecks für Trockenheit sorgt und sich selbst während der Wache in verschiedene Lagen dicker Kleidung einmummelt.

Man sollte möglichst immer trockenes Zeug in Reserve haben. Auf einem kleinem Schiff bei langanhaltendem Sturm ist das kaum zu verwirklichen. Wasser ist ein hinterhältiger Stoff, der Hosenbeine und Hemdsärmel erklimmt und seinen Weg über den Nacken bis zur Gürtellinie findet, so daß nach zwei oder drei feuchten Wachen sämtliche Sachen durchnäßt sind.

Zum Teil auch aus diesem Grund wird das Boot, das ich im Auge habe, mit einem Ofen ausgerüstet, der langsam brennt; einem dieser schmucken Apparate, die von einer täglichen Handvoll Kohle oder Anthrazit monatelang in Gang gehalten werden.

Nach Absprache mit dem Koch könnte die Crew dort ihre nassen Sachen auf ein Trockengestell hängen.

Bei ungemütlichem Wetter bedeutet Bequemlichkeit eigentlich nichts anderes als Wärme. Wenn ich auf kleinen Booten mit Cockpit während sehr kalter Nächte Wache ging, zündete ich gewöhnlich die Sturmlaterne an, klemmte sie auf dem Cockpitboden zwischen meine Beine und wickelte mich bis zu den Achseln in eine Decke ein. Von der Taille abwärts bleibt man auf diese Weise warm. Wenn es jedoch regnet oder Gischt fliegt und die Decke naß wird, entsteht eine dumpfe Schwüle, wie in einem Türkischen Bad, die sämtliche Sachen durchdringt, so daß man sich kreuzelend fühlt, wenn man die Decke wieder ablegt.

Außerdem ist man dann mit einer nassen Decke bedacht worden; und im Augenblick kann ich mir nichts Widerwärtigeres vorstellen als ausgerechnet eine nasse Decke.

Diese Methode ist also nicht sehr empfehlenswert.

Dabei können Löcher in Decken, Seestiefel und Kleidung gebrannt werden und eine ganze Weile ist man nicht gesellschaftsfähig, weil man das unverwechselbare Aroma von Petroleum, angesengtem Gummi, angekokelter Kleidung und biederem Körperdunst mit sich herumträgt.

Die Lösung besteht darin, das Schiff unter Deck trockenzuhalten, sicherzustellen, daß nasses Öl- und sonstiges Zeug nicht herumfliegt, bequeme Kojen mit vielen Decken und eine Menge warmer Sachen zum Wechseln zu haben.

Das schlimmste Übel, dem man am sorgfältigsten entgegenarbeiten muß, ist Mangel an Schlaf. Auf offener See spielt es keine Rolle, denn wie die Verhältnisse auch immer sind, man hat ausreichend Seeraum und fühlt man sich müde, so kann man das Boot in eine Defensivstellung bringen (beidrehen, vor Topp und Takel legen, ablaufen oder Treibanker ausbringen) und sich erst einmal in die Koje verholen. Und man wird einschlafen (wenn man wirklich müde ist), gleichgültig was sich draußen zusammenbrauen mag.

Sleep, Death's gentle brother —
Sleep, that knits the ravelled sleeve of care

Schlaf, freundlicher Bruder des Todes,
Schlaf, der den zerschlissenen Ärmel der Geborgenheit wieder stopft,

ist ein kostbares Gut, und Mutter Natur besteht darauf, daß man ihm nachgibt. Man kann sämtliche Anti-Schlafpillen schlukken und die verschiedensten Taktiken und Rezepte versuchen — früher oder später wird man doch vom Schlaf übermannt.

Soldaten auf Wache haben (um nicht vor das Kriegsgericht zu kommen und frühmorgens erschossen zu werden) eine bestimmte Methode entwickelt, ihr Kinn, während sie auf Posten stehen, auf dem Bajonett ruhen zu lassen. Ich habe des öfteren welche in dieser Weise dastehen sehen, Kinn auf dem Bajonett, Augen offen — doch in tiefem Schlaf.

Als mir als Kapitän auf einem Fischkutter einmal eine See in meine Kabine stieg, warf ich mich nach meiner Wache auf meine Koje, eine Masse zerknautschter Decken, die von Seewasser troffen mit einer dicken Schicht ertränkter Kakerlaken — und trotzdem schlief ich wie ein Stein.

Für den Einhandsegler wird das Schlafproblem zu einer ernsten Frage, wenn er unter der Küste segelt oder sich zwischen Inseln hindurchlaviert — wenn also Wachsamkeit während voller 24 Stunden notwendig wird. Auch dann wird es ernst, wenn man Schiffer oder Navigator einer größeren Crew ist. Denn wenn niemand sonst navigieren kann, muß man dem Rudergänger einschärfen, bei jeder Änderung der Lage Alarm zu schlagen, zum Beispiel wenn sich Stärke oder Richtung des Windes ändert, wenn Leuchtfeuer in Sicht kommen, wenn bestimmte Landmarken, Feuer und Baken bestimmte Peilung ergeben usw. Was schließlich dazu führt, daß man nicht gerade viel Schlaf bekommt.

Deshalb sollte der Navigator (der auf kleinen Schiffen gewöhnlich der Schiffer ist) während einer Küstensegelei keine Wache gehen. Er wird „auf Abruf" bereitstehen, und er wird abgerufen werden — zu jeder Tages- und Nachtzeit; deshalb muß er jede Gelegenheit, eine Mütze voll Schlaf zu erwischen, ausnutzen dürfen.

Für die restlichen Besatzungsmitglieder müssen die Wachen so eingeteilt werden, daß jeder während 24 Stunden 8 Stunden Schlaf bekommt. Das stellt das Minimum dar. Und die Wache muß pünktlich abgelöst werden. Nichts führt mehr zu Verdrossenheit als in ungemütlicher, nasser, kalter Nacht fünfzehn Minuten zusätzlich an der Pinne hocken zu müssen, nur weil es dem Nachfolger gerade nicht behagt, pünktlich zu erscheinen.

Man sollte auf diesem Grundsatz bestehen, denn eine der Folgen von Schlaflosigkeit ist Reizbarkeit; unerfreuliche Streitereien unter der Besatzung könnten sonst zu einer unnötigen Belastung werden.

Wenn es möglich ist eine Tasse Kaffee — oder besser heiße Suppe — zuzubereiten, kann diese Wunder wirken. Von der üblichen Methode, sich mit Hilfe reichlicher Mengen Rums über Wasser zu halten, rate ich dringend ab. Alkohol verschafft einem zwar schnell eine kurzfristige Energiesteigerung, der jedoch ebenso schnell der Rückfall und eine noch elendere Stimmung folgt. Alkohol hat bestimmte Vorzüge. Er wirkt entspannend und vertreibt Hemmungen, doch der rechte Zeitpunkt für einen guten Schluck liegt nicht vor oder während einer Wache, sondern kurz bevor man zur Koje geht.

Kapitäne erfolgreicher Fischereifahrzeuge führen überhaupt keinen Alkohol an Bord. Die amerikanische Marine handelt ebenso und behilft sich mit Coca Cola und Eiscreme. Der Rumverbrauch in der englischen Marine unterliegt strengster Kontrolle.

Um auf unser Problem, Schlaf-, Bequemlichkeits- und Nahrungsmangel zurückzukommen, möchte ich meinen, daß die Methode in der englischen Marine den geeignetsten Kompromiß darstellt. Bei Sonnenuntergang trifft sich die Besatzung bei Bier und Schnack, wonach die Bar bis zum nächsten Sonnenuntergang geschlossen bleibt.

Für den Einhandsegler ist es schon schwieriger, dicht unter Land zu genügend Schlaf zu kommen. Es gibt dafür verschiedene Teillösungen.

Weht auch nur etwas Wind, kann er auf dem Bug beidrehen, der ihn nach See hin bringt, um ein paar Stunden auszuruhen. — Wenn der Wind drehen sollte, würde er jedoch möglicherweise mit einem Bumbs geweckt werden.

Bei Flaute kann er das Schiff treiben lassen. — Doch auch dabei kann er in Schwierigkeiten geraten, wenn er auf eine zur Küste hin setzende Strömung trifft oder eine Seebrise einsetzen sollte. Bei entsprechenden Verhältnissen kann er vielleicht kürzere Zeit vor Anker gehen. Oder er trimmt die Segel so, daß das Boot einen „sicheren" Kurs anliegt und läßt sich auf das Risiko einer Winddrehung ein.

Für den Einhandsegler ist die beste Vorsorge ein zuverlässiger Wecker. Er muß die Lage abwägen, sich für die eine oder andere oben genannte Methode entscheiden und herausfinden, wie lange sich das Schiff unter Berücksichtigung möglicher Änderung der

Windstärke, Windrichtung und vorherrschendem Strom in Sicherheit befinden wird. Dementsprechend stellt er den Wecker ein, verstaut ihn an möglichst unerreichbarer Stelle und legt sich aufs Ohr.

Dem Gedanken, den Wecker möglichst verzwickt unterzubringen, liegt die Erfahrung zugrunde, daß es, befindet er sich in Reichweite der Koje, nur zu leichtfällt, den Stopphebel zu betätigen, wenn das vertrackte Ding anfängt zu plärren — ohne daß man dabei vollständig wach wird.

Wenn man ihn jedoch irgendwo versteckt, wo man nicht hinlangen kann, unter dem Niedergang etwa, muß man sich immerhin aus der Koje bemühen, um dem infernalischen Getöse Einhalt zu gebieten, was schließlich dazu führt, daß man, wieder einigermaßen bei Sinnen, den Kopf aus der Luke steckt, verschlafen umherpliert und die Lage von neuem beurteilt.

Vielleicht hat man das Glück, den Wecker neu stellen und noch eine Stunde verdösen zu können.

Schlaf ist ein merkwürdiger Zustand. Ihm ist über viele Jahre eingehend, umfassend und unter großen Kosten von Ärzten, Wissenschaftlern, Psychiatern und sonstigen Gelehrten zu Leibe gerückt worden, die endlose Wälzer und Abhandlungen darüber verfaßt haben.

Ein interessanter Punkt daraus ist, daß selbst nach überlangem Wachsein — bis zu dem Stadium, in dem man Halluzinationen unterliegt, acht Stunden ausreichen, um den Normalzustand wiederherzustellen.

Pickt man das Wesentliche aus diesem Kapitel heraus, ergibt sich zur Vermeidung von Erschöpfung folgender Extrakt als Rezept:

Regelmäßige und vernünftige Mahlzeiten.

Sich selbst und die Koje trocken- und warmhalten.

Annähernd acht Stunden Schlaf am Tag.

Gute Nacht...

10. Segelkürzen

Über das Reffen sind schon Bände geschrieben worden. Hier soll es kurz und bündig behandelt werden. Die Geschichte der Segelei wäre ein Bericht über Methoden, wie etwas schneller, leichter und wirksamer zu bewerkstelligen sei. Blöcke, doppelte Toppsegel, Stahltauwerk, Ankerwinschen, Highfield-Hebel — die Reihe ließe sich noch endlos fortsetzen. Zweifellos wurde jede dieser Änderungen von verschrobenen Zeitgenossen bekrittelt.

Heute hat sich das Bild gewandelt; Mechanisierung heißt die Parole, und die Segler neigen dazu, auf jede neue Apparatur einzugehen, die ihnen von der Werbung schmackhaft gemacht wird, und sie ohne weitere Überlegung zu installieren.

Folgender Grundsatz sollte allesbestimmend sein: *Jedes Segel, das gesetzt wird, muß jederzeit schnell und leicht wieder geborgen werden können.* Die alten Rahschiffsegler waren sich dessen bewußt, wie diese Verse zeigen:

Man that is born unto woman
Hath but a short time to live.
He goes up like a fortopmast staysail
And cometh down like a flying jib.

Ein Mann, der einer Frau geboren ist,
hat nicht lange zu leben.
Er steigt empor wie ein Vorstengestagsegel
und fällt hinab wie ein Außenklüver.

Ist ein Bugspriet vorhanden, sollte man den Arbeits-Klüver fliegend fahren — d. h. ohne Stagreiter — und den Hals an einem Laufring befestigen (Abb. 10). Wenn man das Fall loswirft und den Ausholer durchholt, wird das Segel von selbst zusammenfallen. Möglicherweise schlägt man die Genua und den Flieger lieber am Stag an, doch bleibe man sich klar darüber, sie rechtzeitig bergen zu müssen, bevor die Verhältnisse es zu einem gefährlichen Unternehmen machen.

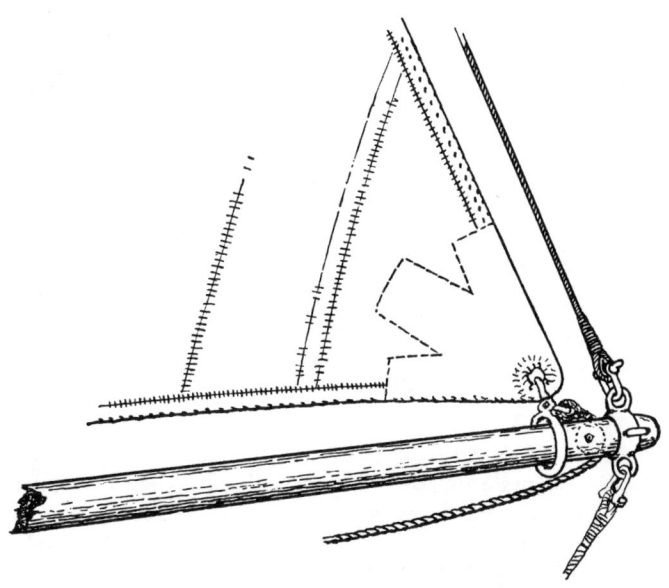

Abb. 10 Ausholer – fliegend gefahrener Klüver

Werden alle Segel binnenbords gefahren, ist das Anschlagen der normalen Vorsegel am Stag noch vertretbar, obwohl ich mir eine angenehmere Beschäftigung vorstellen kann, als auf schrägem Vordeck klammfingerig mit einer Unmenge von Feder-Stagreitern herumzuhantieren. Es ist eine Frage des Geschmacks, doch würde ich, ob Bugspriet nun vorhanden oder nicht, alle Vorsegel fliegend fahren und keinen Gedanken mehr auf Stagreiter verschwenden. Bei den heutzutage üblichen Drahtfallen mit Perlonvorläufern und ein wenig Muskelhub kann das Vorliek ohne weiteres stärker durchgesetzt werden als das Vorstag, und da Perlon sich nur in geringem Maß reckt, muß das Fall nur gelegentlich nachgesetzt werden. Der einzige wirkliche Vorzug von Stagreitern ist der, daß sich mit ihrer Hilfe große Segel besser bändigen lassen, indem sie auf kleinem Raum zusammenfallen; doch läßt sich durch geschickte Handhabe von Schot und

Fall auch ein fliegendes Vorsegel mehr oder weniger direkt vor die Füße dirigieren.

Bei Wetter, wie es dieses Buch behandelt, wird man keinerlei leichte Segel fahren, weshalb die Diskussion auf Normal- und Sturmbesegelung beschränkt bleiben soll.

Bezüglich des Reffens von Vorsegeln bin ich der Meinung, man sollte es überhaupt vermeiden. Die herkömmliche kleine Slup sollte zum Beispiel drei Vorsegel fahren — Normalfock, Fock 2 und Sturmfock. Muß man die Segelfläche verkleinern, berge man das stehende Segel und ersetze es durch das kleinere. Dieses Prinzip ist für jedes andere Rigg in gleicher Weise gültig.

Reffen des Großsegels

Das Patentreff ist ein deutliches Beispiel für die Fähigkeit der Werbung, Denkvorgänge vernebeln zu können. Es ist ein mechanischer, schlau durchdachter und schmucker Apparat — den deshalb die Segler auf der ganzen Welt fest an ihre Seemannsbrust drücken, und vermutlich sind die meisten Boote in dieser oder jener Form damit ausgerüstet.

Wir wollen das Patentreff unvoreingenommen unter die Lupe nehmen. Im Vergleich zur „herkömmlichen" Reffmethode hat es zwei Vorteile — und zwar nur zwei. Es erfordert weniger Geschirr und sieht besser aus. Darüber hinaus kann es nichts Empfehlenswertes für sich verbuchen, vielmehr weist es verschiedene ernste Nachteile auf. (Bei diesen Zeilen höre ich geradezu die geifernden Mißfallenskundgebungen in den Segelvereinen der ganzen Welt und von Bootsbesitzern, die so einen Apparat für teures Geld gekauft haben. Laßt uns also beginnen.)

In allen wesentlichen Punkten ist ein Patentreff für eine Fahrtenyacht ungeeigneter als ein anderes Reff.

Im Gegensatz zur landläufigen Meinung arbeitet es viel langsamer als die „alte" Reffmethode (Abb. 11). Diese „alte" Art wird im folgenden beschrieben.

Man sorge dafür, daß am Baum eine Teufelsklau oder ein Schnappschäkel ausreichender Größe angebracht ist, um die Reffkausch aufzunehmen. Der Autor benutzte dafür jahrelang einen großen galvanisierten Eisenhaken. Theoretisch könnte man dagegen einwenden, daß der Haken aus der Kausch fahren könnte, wenn das Vorliek lose kommen sollte; doch ist so etwas in der Praxis nie vorgekommen. (In der Abbildung ist zugunsten der Klarheit auf Dirken, Großschot und so weiter verzichtet worden.) Es wird auch nur ein einziges tiefes Reff dargestellt, denn jeder Fahrtensegler wird sein Boot bei sich verschlechterndem Wetter unter Normalbesegelung so lange weitersegeln, bis es protestiert, um dann das tiefe Reff einzustecken, ohne sich auf Zwischenstationen aufzuhalten.

Um das Segel zu reffen, gebe man etwas Lose in das Klaufall und picke die vordere Reffkausch ein; hole die Refftalje durch und belege diese — und schon hat man gerefft. Mit den Reffbändseln kann man sich in Muße beschäftigen. Der Baum wird unter einem verhältnismäßig großen Winkel in die Höhe zeigen, doch ist das unerheblich. Wenn man sich den Anblick ersparen will, kann man die Angelegenheit durch Fieren des Piekfalls in

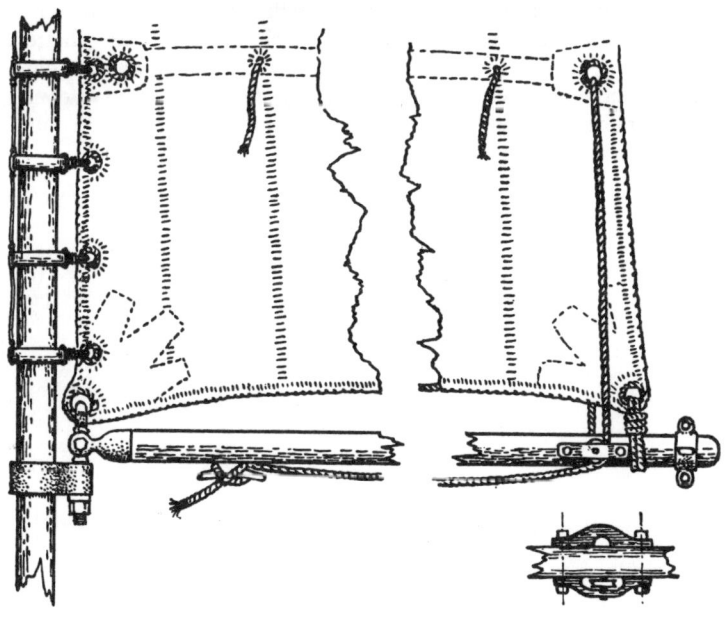

Abb. 11 Reffen mit Refftalje

Ordnung bringen. Jedenfalls dauert der eigentliche Reffvorgang, die erforderliche Verkleinerung der Segelfläche, kaum länger als ein paar Sekunden, und vorausgesetzt, die Talje hält, bleibt das Segel auch gerefft.

Das Patentreff stellt dagegen, abgesehen davon, daß es langsamer arbeitet, ein schwaches mechanisches Glied an entscheidender Stelle dar. Wenn es nicht mit einer unhandlichen Vorrichtung versehen ist, läßt es den Baum ins Cockpit sinken. In dunkler, windiger Nacht neigt es dazu, sonstiges Gut mit einzurollen, und es ist in seiner Funktion vollkommen abhängig entweder von Knarre und Pall oder einem Schneckengewinde. Wenn diese ausklinken oder brechen sollten, gerät man in Schwierigkeiten — nicht nur, daß man plötzlich ausgerefft dasitzt, vielmehr muß man sich eine neue Reffmethode ausdenken. Kurz — bei Versagen wird das Patentreff gefährlich, während die Folgen bei Versagen der herkömmlichen Reffmethode unerheblich bleiben.

Beim Bergen der Segel muß der Baum (oder die Bäume) in einem besonderen Baumgalgen oder einer Baumstütze gehaltert und gelascht oder auf andere Weise festgehalten werden, ohne dabei von der Großschot abhängig zu sein. Eine Baumschere ist ein Greuel; eines Tages wird sie einem die Finger abhacken und man verdient es nicht anders, wenn man eine an Bord hat.

11. Sturmgeschirr und Ausrüstung

In jedem Buch über das Segeln findet man Angaben darüber, was man in dieser Hinsicht an Bord haben sollte. In jedem Fall sollte man dafür sorgen, daß die folgenden Ausrüstungsgegenstände mit dabei sind:

Zwei Anker mit ausreichender Kette und Trosse; die letztere sei möglichst aus Nylon (Perlon). Ein schwerer Stockanker und ein Pflugschar- oder Danforth-Anker. Ein dritter als Reserve.

Sicherheitsleinen. Kurze Enden aus gutem Tauwerk mit einer Bucht für die Talje und einem Karabinerhaken am anderen Ende, um an einem Stag oder einem anderen festen Punkt eingepickt werden zu können. Eine für jedes Besatzungsmitglied, bitte.

Eine oder mehrere starke, faserige (Kokos) Trossen, von je nach Bootsgröße 20 bis 40 Faden (36 bis 72 m) Länge zum Nachschleppen (unter anderem), um eine Bremswirkung zu erzielen, wenn diese notwendig wird.

Schutzkleidung; kein langer Mantel, sondern Jacke und Hose oder Overalls.

Wenigstens ein Rettungsring mit fest angebrachter langer Leine.

Wenigstens ein Rettungsring, bei dem bei Berührung mit Wasser automatisch ein Licht aufleuchtet.

Wenn erhältlich, die kleinen „persönlichen" life-lights, die an der Schulter angesteckt werden. Für jedes Besatzungsmitglied eins.

Eine zuverlässige Lenzpumpe zur Handbedienung — eine, die wirklich etwas leistet.

Bei Vorhandensein einer Maschine, eine mechanische Lenzpumpe. Man sorge dafür, daß die Saugstutzen zugänglich sind.

Öl, je zähflüssiger desto besser. Altöl reicht aus.

Ein Treibanker. In verschiedenen Büchern wird der maximale Durchmesser mit ein Zehntel der Wasserlinienlänge angegeben. Dazu jedoch Kapitel 14.

Es sei daran erinnert, daß diese Liste keinen Anspruch auf

Vollständigkeit erhebt, sondern lediglich Anhaltspunkte bieten soll.

Klampen, Augbolzen und Decksbeschläge sollten generell nicht verschraubt, sondern mit einem Gegenstück unter Deck verbolzt werden. Dies gilt ebenso für Winschen, Highfield-Hebel und ähnliche Beschläge. — Ausgeschlossen davon sind lediglich Mastbeschläge, die gezwungenermaßen verschraubt oder mit einem Mastband verbunden werden müssen.

Highfield-Hebel müssen mit einer leicht zu handhabenden Sperrvorrichtung versehen sein, um unabsichtliches Lösen zu vermeiden. Die Bolzen aller wichtigen Schäkel müssen gesichert werden.

Niemals darf ein Fall oder sonstiges laufendes Gut mit einem Kopfschlag belegt werden. Die einzige Ausnahme in dieser Hinsicht ist ein Fall, mit dem ein Mann in den Mast vorgeheißt und dort gehalten werden soll.

Jungfern und Taljereeps sind besser als Spannschrauben, bei denen es vorgekommen ist, daß sie auf Grund unerwarteter **Lufteinflüsse** oder Ermüdungserscheinungen gebrochen sind. Andererseits sind Jungfern und Reeps insofern eine ziemliche Plage, als man ständig gezwungen ist, sie nachzusetzen oder sie in irgendeiner Weise zu kontrollieren. Man sollte deshalb einen Kompromiß schließen und die besten Spannschrauben kaufen, die auf dem Markt zu haben sind. Sie dürfen gerne eine Nummer zu groß sein und sollten getestet sein. Nach dem Anschäkeln arretiere man sie, sichere die Schäkelbolzen, halte sie gut in Schuß und hoffe das Beste.

Außer den üblichen Marlspiekern, Messern, Schraubenschlüsseln und Zangen sollten immer ein „handy-billy" (umgekehrte Handtalje), eine gute starke lange Leine (Nylon oder Perlon, wenn erschwinglich) und eine Reihe vernünftig dimensionierter Klappblöcke an Bord sein, die in erreichbarer Nähe verstaut und in Ordnung gehalten werden sollten. Außerdem bringe man Augbolzen in der Weise an, daß man über darangeschäkelte Blöcke mit der Ankerwinsch nach allen nur möglichen Punkten und Richtungen eine Zugwirkung ausüben kann, ohne daß die Leine an den Aufbauten schamfilt.

Der Gebrauch von Nylon- oder Perlonleinen als laufendes Gut ist eine Frage der Finanzen. Ihre Stärke ist enorm. — Eine

Nylonleine von drei achtel Inch (9,5 mm) soll eine Bruchfestig-
keit von etwa 3700 lbs (1,66 t) haben — doch sind sie teuer und
sind, obwohl viel widerstandsfähiger als Manila oder Hanf,
auch der Scheuerfilgefahr ausgesetzt. Nylonleinen eignen sich auf
Grund ihrer Elastizität auch gut zum Ausbringen eines Treibankers, Vertäuen und als Material für die im vorhergegangenen
Abschnitt erwähnte lange starke Leine, sie sind allerdings weniger vorteilhaft für Schoten und Fallen, für die man besser Perlon verwendet. Eine gute Lösung für einen Segler, der nicht über
unerschöpfliche Mittel verfügt, wären Schoten aus Manila oder
Hanf, Fallen aus Draht mit Perlon-Vorläufern und einige Ny-
lon-Leinen zum Festmachen und für Notfälle.

Etwa das gleiche wäre zur Verwendung rostfreien Stahl als
stehendes Gut zu sagen. Gut und schön, wenn man es sich leisten
kann. Wenn man sich allerdings dazu entschließt, sollte man dafür sorgen, nicht ermüdenden Stahldraht zu bekommen; einige
Sorten sehen nach 5 oder 7 Jahren noch immer so gut wie neu
aus, doch neigen sie bei ständiger Vibration zur Kristallisation
und können uns dann ganz unvermittelt im Stich lassen.

Ein paar Deckslampen an den Salings sind eine vorzügliche
Idee, wenn man zusätzlich wenigstens zwei wasserdichte
Taschenlampen bereithält.

Zum Thema Lampen noch das Folgende: Auf vielen Yachten
werden die seitlichen Positionslaternen auf Lampenbrettern gefahren, die an den Wanten befestigt werden. Das sollte man
nicht tun; die Lampenbretter geraten unentwegt mit Schoten
und Bullenstandern in Konflikt, und wenn starker Wind unter
einem bestimmten Winkel auf sie trifft, zeigen sie außerdem die
Neigung, in heftige und gefährliche Schwingungen zu geraten.
Aus dem gleichen Grund sollte man keine hölzernen „Webe-
leinen" benutzen.

Die kardanische Aufhängung des Kompasses in Mittschiffsrichtung sollte arretiert werden, was bedeutet, daß der Kompaß
zwar auf Roll- nicht aber auf Stampfbewegungen reagiert. Das
gilt für gutes wie für schlechtes Wetter.

12. Sturmwarnung

Du befindest dich auf offener See, treibst bei Flaute umher, und das Boot rollt schwer in einer unerklärlichen, höher werdenden Dünung. Das Barometer fällt ständig, der Himmel erscheint messinggelb, die Luft wird feucht und du hast das „amtlich anerkannte" ungute Gefühl, daß etwas nicht stimmt. Das alles läßt ahnen, daß (nicht mit Sicherheit) ein Wettersturz bevorsteht mit der Möglichkeit harter Winde, und wenn du das Radio anstellst, sagt der Wetterfrosch vielleicht gerade voraus, daß ein Tief deines Weges zieht.

Zunächst suche zu beurteilen, welcher Art der Wind sein wird, besonders aus welcher Richtung er kommen und wie sich diese möglicherweise ändern wird. Befindest du dich in einer Hurrikan-Gegend während der kritischen Monate, überprüfe die Anzeichen und stelle fest, ob du dich in der Bahn des Wirbelsturms befindest (siehe 4. Kapitel). Laß dir keine grauen Haare darüber wachsen, wie stark wahrscheinlich oder möglicherweise der bevorstehende Wind sein wird — dagegen ist doch nichts zu tun, und Aufregung führt nur zu Magengeschwüren.

Sammle alle erreichbaren Fakten, würze sie mit Wissen, rühre das Ganze mit Verständnis an und zeichne eine Wetterskizze in die Karte. Danach mache so gut du kannst deine Vorhersage darüber, welcher Art die Störung und die von ihr hervorgerufenen Winde sein werden, und wie lange sie wohl dauern wird. Behalte das Barometer im Auge; setzt der Wind schließlich ein und wird stetig, lies noch einmal das Kapitel über „tropische Wirbelstürme" nach und stelle die wahrscheinliche Lage des Zentrums und dessen Zugbahn fest. Die Crew (wenn überhaupt vorhanden) kann sich damit beschäftigen, das Schiff klarzumachen, alles festzuzurren und zu verstauen und das Sturmgeschirr bereitzulegen. Das alles darf nicht lange dauern. Zu diesem Zeitpunkt ist es wahrscheinlich noch nicht notwendig zu reffen; wir haben ein Segel-Schiff und sollten den Wind solange wie möglich nutzen.

Sorge dafür, daß jeder eine vernünftige Mahlzeit bekommt

und mache einen Rundgang über Deck, um nach dem Rechten zu sehen. Anker gelascht? Blenden und Finsatz-Schotten griffbereit? Sturmsegel, Trossen, Treibanker, Öl und Scheinwerfer gebrauchsfertig? Lenzpumpen in Ordnung? Alles Bewegliche unter Deck verstaut und *gezurrt*? Ölstand normal, Maschine und Starter klar? Schwimmwesten, Sicherheitsleinen und sonstige Rettungsgeräte parat und einsatzfähig? Und weiß die Crew, wo sie liegen und wie sie zu benutzen sind?

Wenn das alles vorbereitet ist, setz dich an die Karte und überlege deine Strategie.

Strategie

Zunächst suche zu vermeiden, daß du ermüdest. Hast du eine Crew, laß sie die Hauptarbeit machen — sie verlangt möglicherweise in Kürze nach einem klardenkenden und nicht von Müdigkeit zerschlagenen Schiffer.

Die Standorte, einen schweren Sturm abzuwettern, sind in der Reihenfolge ihrer Güte:

Vertäut oder vor Anker in „sicherem" Hafen oder Zufluchtsort.

Auf offener See.

In Landnähe.

Vor Anker oder vertäut in „unsicherem" Hafen oder Zufluchtsort.

Auf Legerwall.

Zwischen den beiden letzten fällt die Entscheidung nicht schwer — beide sind herzlich schlechte Möglichkeiten. Doch wollen wir der Reihe nach sehen.

Es gibt weniger „sichere" Häfen als man denkt, und Yachten erleiden öfter Schaden im Hafen als auf offener See. Ein guter Liegeplatz an der Kaje muß vor Seegang und Sog geschützt sein, und die Festmacher sollten verdoppelt oder verdreifacht werden. Man bedenke auch, daß der Tidenhub den Normalwert um bis zu 4—5 m überschreiten kann, deshalb bringe man alle vorhandenen Fender aus. Es gibt nicht viele sichere Liegeplätze — weswegen auch nach schwerem Sturm ramponierte Rümpfe mit verbitterten Eignern verloren in den Häfen umherdrifteten.

Eine Muring, um die das Schiff schwojen kann, ist viel besser und normalerweise sicher, außer vor Booten, die sich selbständig gemacht haben. Man kann und soll sich dagegen schützen.

Auf See erfordert die Strategie einige Überlegung. Hat man sich vergewissert, daß man sich in der Bahn eines Zyklons oder einer Depression befindet, spute man sich, möglicherweise unter Zuhilfenahme der Maschine, von der Zugbahn freizukommen. Lies noch einmal über Regeln und zu treffende Maßnahmen im vierten Kapitel nach, doch bedenke bei ihrer Anwendung, daß sie vor allem für große Schiffe gedacht sind, die einen Kurs noch unter Bedingungen halten können, die uns zum Nichtstun zwingen. Als Wichtigstes wäre hier zu bemerken, daß die Segel geborgen sein müssen, bevor die Verhältnisse dies unmöglich machen; wenn es soweit gekommen ist, greife auf „Taktik und Verhaltensweisen" zurück, die bald näher erläutert werden.

In Landnähe wird man unter Umständen vor schwierige Entscheidungen gestellt — von denen jede immer unter Berücksichtigung der wichtigsten Grundregel aller strategischen Überlegungen gefällt werden sollte.

Gerate niemals während eines Sturms auf Legerwall.

Es ist von entscheidender Bedeutung, daß keine deiner Maßnahmen dieses Risiko einschließt. Wenn du mit einer offenbar längerwährenden Störung zu tun hast, muß deine Strategie alle nur möglichen Entwicklungen für mehrere Tage im voraus in Betracht ziehen.

Wir wollen jetzt überlegen, in welche Situationen man in engen Gewässern während eines Sturmes geraten kann.

1. *In Luv liegt ein guter Hafen oder Zufluchtsort.*

Willst du dort unter Schutz gehen, hol das letzte aus deinem Schiff heraus. Selbst wenn du nicht hingelangst, bevor der volle Sturm dich trifft, kommst du doch von Land, wo weniger See stehen wird. — Außerdem läßt du unter Umständen eine Lee-Küste achteraus.

Vorsicht.

Besteht die Möglichkeit einer Winddrehung, so daß der Hafen in Luv zu einem solchen in Lee wird? Wenn du so etwas vermutest — nun denn, ich habe bereits gesagt, daß in diesem Fall einige brenzlige Entscheidungen auf dich warten. Du bist Schiffer, und es liegt an dir, zu entscheiden, ob es sicherer ist, auszuharren oder weiterzusegeln.

2. *In Lee bietet sich guter Schutz.*

Kannst du dorthin gelangen, bevor das Wetter so bösartig wird, daß es ein Einlaufen in den Hafen unmöglich macht? Bist du dir dessen ganz sicher? Auf denn, und zwar schnell! Doch bedenke, daß die Mehrzahl der Häfen an Lee-Küsten bei schlechtem Wetter nicht anzulaufen sind; wenn du also ankommst und feststellen mußt, daß du nicht einlaufen kannst, hast du gegen unsere Grundregel verstoßen — du liegst auf Legerwall und kommst in Schwierigkeiten.

3. *Sturm kommt auf, während dicht in Lee Land ohne guten Schutz liegt.*

Setz so viel Segel wie das Boot vertragen kann, hol dicht die Schoten, geh an den Wind und laufe nach See. Laß es nicht soweit kommen, daß etwas brechen könnte, doch knüpple dein Schiff bis an die Grenze des Möglichen. Fahre deine Rennflagge, wenn du willst; wenn auch nur, um dich und die Crew daran zu erinnern, daß es um ein Rennen mit einem Gegner geht, der keine Skrupel kennt.

Nimm die Sache mit dem Seeraum nicht zu leicht. Man kann ihn nicht nach Wunsch im Laden an der Ecke kaufen, und sehr häufig ist er für uns ohne große Bedeutung. Doch wenn er benötigt wird, stellt er eine sehr brauchbare Ware dar, um die man unter Umständen zu kämpfen hat, weil einem gar nichts anderes übrigbleibt.

Die erwähnten Fälle sind natürlich Lehrbuchbeispiele, während in der Praxis immer irgendwelche anderen Faktoren unsere Entscheidungen mitbestimmen werden. Das Seehandbuch des betreffenden Gebiets wird ein wertvoller und beredter Ratgeber sein, obgleich seine Auskünfte keineswegs immer dem Seelenfrieden dienen; man darf bei seiner Benutzung nie vergessen, daß es im Grunde für Kapitäne von Schiffen gedacht ist, die größer als das unsrige sind.

Taktik und Verhaltensweisen.

Du hast eine „wohlbegründete Vermutung" über die Art der nahenden Depression und glaubst, sie werde sich zu vollem Sturm gewissermaßen wie aus der Familienpackung entwickeln. Dein Schiff ist klar für schweres Wetter, die Besatzung versorgt und über die Lage in Kenntnis gesetzt. Du hast deine Strategie entwickelt, und die Zeit ist gekommen, sie in die Tat umzusetzen.

Schließt dein Plan „Ausreißmanöver" ein, willst du also unter Schutz laufen, der Zugbahn eines Hurrikans aus dem Wege gehen oder Seeraum gewinnen, treibe dein Boot so schnell voran, wie es die Sicherheit erlaubt. Fahre die Segel nicht so lange, daß Berge- oder Reffmanöver gefährlich werden, doch reffe zögernd und nur wenn es notwendig wird und behalte Höchstfahrt im Schiff; laß, wenn eine an Bord ist, die Maschine mitlaufen. Das Schiff wird feucht und recht unruhig sein und der Mannschaft einige Flüche entlocken, wenn es heißt, die Sturmsegel anzuschlagen, doch du hast ein Ziel, das du so schnell wie möglich erreichen willst — so bleibt dir keine andere Wahl.

Läufst du einen Hafen an, sorge dafür, daß das Boot gut festgemacht liegt und laß die Crew an Bord bleiben. Die Wonnen der Zivilisation kann sie gern auskosten, wenn es sich ausgeweht hat, doch in Verhältnissen wie sie uns bevorstehen sind einige Alle-Mann-Manöver so gut wie sicher — Leinen sind neu auszubringen oder Fender zu versetzen, wenn nicht Schwierigeres. Liegst du vor Anker in Lee, in einer Bai oder Bucht, kannst du ausspannen solange einer Ankerwache geht und darauf achtet, daß nichts schamfilt, und das Schiff nicht auf Drift geht. Über Ankern wird Kapitel 15 Auskunft geben.

Befindest du dich auf Langfahrt weitab von Land und besteht keine Notwendigkeit, Reißaus vor der Bahn eines Hurrikans zu nehmen, ist die Sache weniger kompliziert. Niemand zwingt dich, günstigen Wind zu vergeuden, deshalb segle gelassen weiter wie der zunehmende Wind es erlaubt, reffe beizeiten, um die Besatzung nicht unnötig zu belasten und verzichte auf Feinheiten wie etwa Zwischenreffs. Bist du ziemlich sicher (oder vermutest du), daß wirklich starker Wind bevorsteht, verhalte dich etwa so: birg rechtzeitig alle Leichtwettersegel. Mach unter vollen Segeln weiter, bis das Boot sich dagegen wehrt. Denk weder an Reffen noch an Sturmsegel. Birg alle Segel und gehe zu Überlebensmaßnahmen über, solange du noch kannst.

Wir wollen annehmen, daß deine Vermutung über die Art des Sturmes richtig war.

In Wahrheit wirst du dich mit Winden von über 70 mph (Stärke 11) und Sturmseen herumschlagen müssen.

13. Überlebensmaßnahmen

Verschiedene Verteidigungsmaßnahmen stehen dir zur Verfügung, du kannst

Beidrehen.

Treibanker vom Bug ausbringen.

Treibanker über das Heck ausbringen.

Ablaufen mit oder ohne Trossen oder anderen Schleppbremsen.

Vor Topp und Takel liegen — das heißt, alle Segel bergen und das Schiff sich selbst überlassen.

Bei jeder dieser Methoden besteht die Möglichkeit, zusätzlich noch Öl zu verwenden.

Beidrehen

Beim Beidrehen liegt der einzige vernünftige Zweck darin, die Abdrift zu verhindern oder doch zu verringern; der Kurs wird annähernd rechtwinklig zum Wind verlaufen, wobei das Schiff möglicherweise noch etwas Fahrt voraus macht.

Man sollte auf dieses Mittel nur dann zurückgreifen, wenn man nicht weiter nach Lee versetzt werden will, denn entgegen landläufiger Meinung wird einem Schiff beim Beidrehen Gewalt angetan, und man kann bei Zunahme des Windes in arge Bedrängnis geraten.

Zunächst einmal wird das Boot etwa sechs Strich oder mehr am Wind liegen und seine großflächige, glatte „Wange" der vollen Wucht ankommender Seen aussetzen; ganz sicher würde es weit weniger beansprucht, könnte es sie der Länge nach nehmen.

Außerdem wird unter derartigen Umständen ein wenn auch nur winziges Segel mit allem was damit verbunden ist — Schotten, Klampen, Stage, Mast, kurz das gesamte Boot, ganz erheblich beansprucht. Und wenn irgend etwas bricht, steht man da und versucht sich in dem Durcheinander zurechtzufinden unter Bedingungen, die nicht gerade dazu angetan sind, überhaupt irgend etwas zurechtzuschustern.

Drittens — und das ist wichtig — hat man, wird der Wind sehr viel stärker als 70 mph (Stärke 11) die nicht gerade beneidenswerte Aufgabe, sämtliche noch stehenden Segel zu bergen und sich eine andere Taktik auszudenken.

Wenn einem dabei irgendein Fehler unterläuft, kann das nicht nur ein paar Finger, sondern auch das Leben eines oder mehrerer Besatzungsmitglieder kosten, denn das Vordeck eines kleinen Schiffes wird dann zu einem Schlachtfeld, das keinerlei Pardon kennt. Grünes Wasser an Deck bedeutet unweigerlich, von jedem Hand- oder Fußhalt weggerissen zu werden, und man kann dann nur hoffen, die Sicherheitsleine an irgend etwas Stabilem befestigt zu haben. Wenn man das nicht selbst erlebt hat, hat man keine Vorstellung, mit welcher verächtlichen Gleichgültigkeit eine schwere See einen Mann mit sich reißt, der sich auch noch so krampfhaft an irgend etwas festklammern mag.

Deshalb frage man sich als Schiffer, ob man berechtigt ist, bei schlechter werdendem Wetter beizudrehen und die Besatzung bei etwa plötzlich zunehmendem Wind und höher werdender See solchen Gefahren auszusetzen.

Viertens, doch das ist nicht so entscheidend, ist ein während eines Sturms beigedreht liegendes Schiff nichts als eine abscheuliche, rollende, krachende, ohrenbetäubende, triefende Hölle. Jede normale Betätigung ist unmöglich; schwer genug ist es, sich in der Koje zu halten oder gar einen klaren Gedanken zu fassen.

Die Moral daraus ist:

Dreh nicht bei, wenn du es nicht *mußt*.

Viele Eigner starker Motorboote halten es für vernünftig, „gegenanzudampfen". Das hängt davon ab, was das Boot vertragen kann, doch habe ich nie mit dieser Methode geliebäugelt aus dem einfachen Grund, weil das Schiff, sollte die Maschine(n) irgendwie den Dienst verweigern, oder Wind und See in solchem Maß zunehmen, daß man kein Steuer mehr im Schiff hat, ohne etwas dagegen tun zu können, quer zur See treiben wird, was dem Schiff möglicherweise gar nicht behagt. Die anderen Verteidigungen werden in späteren Kapiteln behandelt.

Abb. 12 Der „klassische" Treibanker

14. Treibanker

Über dieses Thema kann jeder, vom Schiffer bis zum Jungen, Vorträge halten, ohne befürchten zu müssen, auf fundierte Gegenargumente zu stoßen — denn, obwohl jeder Verein seinen Anteil „Treibankerexperten" zu bieten hat, werden diese doch, hat man sie erst einmal festgenagelt und ins Kreuzverhör genommen, schließlich zugeben, daß sich ihre Erfahrung lediglich auf das beschränkt, was sie über Treibanker gelesen oder gehört haben. Ausgesprochen selten trifft man einmal jemanden, der tatsächlich davon Gebrauch gemacht hat — doch wie oft muß man einen Treibanker ausbringen, um ein ernstzunehmendes Urteil abgeben zu können?

Ich habe dreimal einen benutzt und jedes Buch darüber gelesen, das ich erbetteln, leihen oder stibitzen konnte.

Voss schwor auf seinen Gebrauch. Harry Pidgeon hatte nicht die geringste Verwendung dafür. Aus den Reihen der Hochseesegler hört man viele Stimmen für und wider und der Autor glaubt, daß die Mehrzahl eine ablehnende oder doch zögernde Haltung einnimmt.

In der Vorstellung sind Treibanker natürlich die reinsten Wunderwerkzeuge (Abb. 12). Es heißt, der Durchmesser müsse wenigstens ein Zehntel der Wasserlinienlänge betragen. Das Geschirr bilden die Treibankertrosse, die Einholleine und ein Block mit eingeschorener endloser Leine, um Ölbeutel zum Treibanker hinauszubringen. Die verschiedenen Leinen werden am Bug belegt und das ganze Gewudel über Bord gegeben und schon liegt man behaglich, so denkt man, Kopf zur See in einer riesigen glatten Öllache, die man jederzeit wieder auffrischen kann, indem man über die Verholleine einen leeren durch einen vollen Ölbeutel ersetzt. Was ist dann eigentlich noch gegen einen Treibanker zu sagen?

Die See auf der Abbildung stammt von mir, wodurch die Zeichnung nicht schöner geworden ist. Wenn die Yacht neun Meter Länge mißt, ist die abgebildete See auch neun Meter hoch — was eigentlich das Minimum darstellt für Verhältnisse, wie sie in diesem Buch behandelt werden. — Es ist nur zu wahrscheinlich, daß wir Seen von zwölf oder mehr Metern Höhe antreffen werden. Jetzt sieh dir das Bild an, denk daran, daß ein Treibanker eine *gewaltige* Zugbelastung ausübt, und frage dich, ob dieser Treibanker das Boot dabei unterstützt, über die See hinwegzukommen — selbst wenn es sie zufällig genau von vorne nehmen sollte. Die Antwort ist, natürlich, *nein*; vielmehr zieht er den Bug nach unten, droht das Boot in der See zu begraben und durch sie hindurchzuzerren, was gerade nicht das Richtige ist.

Wie man sieht, gibt es keine Vorrichtung, die den „Klassischen Treibanker" davor bewahrt, sich zu drehen — und er wird sich so vertörnen, daß sich die verschiedenen Leinen schließlich alle zu einer massiven Trosse verdrehen; brächte man diesen ganzen Wust an Land, würde es sicher einige Stunden dauern, bis man die Einholleine daraus befreit, geschweige denn wieder gebrauchsfertig hätte. Angenommen, wir komplizieren das Ungetüm durch eine zusätzliche Anti-Dreh-Vorrichtung — ein schweres Gewicht wie einen kleinen Anker etwa —, wird es dennoch unwahrscheinlich sein, daß alle vier Parten im Wellengetose klar voneinander bleiben; sie werden unweigerlich übereinandergewaschen und sich schließlich wieder mit der Trosse verknäueln.

Doch wollen wir das Problem positiv betrachten und annehmen, daß die vier Leinen gehorsam bleiben und sich einander nichts tun. Wie stellst du es dir dann aber vor, bei Windstärken von 80 mph (Stärke 12) und über neun Meter hohen Wellen, auf dem Vordeck zu sitzen, und kleine Ölbeutel zum Treibanker zu bugsieren? Ich glaube einfach nicht, daß dies auf einem kleinen Boot jemals in der Geschichte der Segelei vollbracht worden ist; es gibt verschiedene andere Methoden, Öl auszubringen, wenn die Seen aber erst einmal so gefährlich geworden sind, daß sie nach Öl „lechzen", wird man sich ganz gewiß nicht auf dem Verdeck postieren können, um Ölbeutel hin und her zu fahren — letzten Endes wird es überhaupt unmöglich sein, sich auf dem Vordeck aufzuhalten, wenn man Bug gegen die See vor Treibanker liegt.

Man kann noch einen weiteren Punkt gegen den Treibanker vorbringen, der weder aus der schmucken Zeichnung noch aus den Seehandbüchern zu ersehen ist. Allgemein wird angenommen, daß der Zug des Ankers das Boot stetig gegen Wind und See halten würde. Normalerweise reagiert aber nur ein Schoner oder ein ähnliches Fahrzeug, dessen größter Windfang achterlicher als der CLR (Lateralschwerpunkt) liegt, wie ein Wetterhahn, und legt den Kopf in den Wind: man sehe sich nur einmal bei hartem Wind Boote an ihrer Muring an, um sogleich zu erkennen, wie sie (liegen sie nun vor Grund- oder Treibanker) unaufhörlich schwojen — und je härter es weht und je höher die See, desto größer wird der beschriebene Radius, das heißt nichts anderes, als daß das Schiff während 90 % der Zeit einem mehr oder weniger seitlichen Anprall der Seen ausgesetzt ist, so daß das Ankertauwerk enorm belastet wird. Außerdem wird das Ruder in kaum vertretbarer Weise beansprucht.

Die Mehrzahl der Yachten schwojt weniger, wenn der Treibanker über das Heck ausgebracht wird. Das muß allerdings jeder mit seinem Boot selbst ausprobieren. — Wenn ein großes offenes Cockpit vorhanden ist, und das Achterschiff nur geringen Freibord hat, wird diese Methode wohl nicht sehr brauchbar sein.

Als ich das erste Mal einen Treibanker erprobte, tat ich es nicht aus einer Notwendigkeit, sondern lediglich meiner Neugier wegen, wie das Boot darauf reagieren würde. Das Schiff war ein etwa 16 m langes Fischereifahrzeug mit Yachtheck und steilem Vorsteven ohne viel Überhang. Es hatte lange mit ungefähr acht bis neun Windstärken (40 kn) geweht, und die Seen waren ungefähr 4,50 m hoch. Wir riggten den Treibanker in klassischer Weise mit Einholleine, Ölbeutelleine und Beutel und brachten ihn über den Bug aus. Als Zug darauf kam, war jeder von dessen Heftigkeit überrascht, während das Schiff willig aufkam, als ob es normal vor Anker läge. Im gleichen Augenblick begann der Treibanker wie toll zu rotieren, und in kürzester Zeit hatte sich alles zu einem Knäuel verheddert, das zu entwirren uns Stunden kostete. Der Anker hatte seine eigentliche Aufgabe voll erfüllt, indem er die Abdrift auf weniger als zwei Knoten verringerte; doch das Boot gierte heftig über 45 Grad nach beiden Seiten, überhaupt lagen wir viel unbehaglicher als während der vorangegangenen Motorerei oder treibenderweise.

Den zweiten Versuch machte ich an Bord eines 18 m langen Fischerbootes bei ähnlichen Verhältnissen, doch höherer See, und zwar auch dieses Mal aus reiner Experimentierfreude. Dabei benutzten wir nur den eigentlichen Treibanker ohne jeden Tand und Putz — sogar ohne Einholleine. Über den Bug ausgebracht, hatte er etwa die gleiche Bremswirkung wie beim vorhergegangenen Versuch, doch um ihn an Bord zu holen, mußten wir die Winsch zu Hilfe nehmen — sämtliche neun Besatzungsmitglieder konnten ihn keinen Zentimeter an das Schiff heranbringen. Über das Heck ausgebracht, war seine Wirkung auf das Boot weit beruhigender, was zu erwarten war, da sämtlicher Windfang vorne lag — doch mußte dabei das breite Plattgattheck des öfteren harte Schläge einstecken.

Bei der dritten Gelegenheit wurde es allerdings bitterer Ernst — und zwar auf einer 7,62 m langen Kreuzeryacht konventioneller Bauart, die gaffelgetakelt war und ein Plattgattheck besaß. Wir befanden uns in Höhe von Bashee Point an der Ostküste Afrikas, wo der Mozambique-Strom eine Geschwindigkeit von etwa vier Knoten erreicht. Der Wind wehte ganz sicher mit 70 kn (Stärke 12), vielleicht aber noch sehr viel stärker. Weiterhin stand er genau gegen den Strom, der die Seen in schreckenerregende, steilwandige, dicht aufeinanderfolgende Klippen zerhackte. — Mit einem Wort, die Wellenlänge war unnatürlich kurz. Es war Nacht und blitzte unaufhörlich. Ich kann die Höhe der Wellen nur annähernd schätzen, doch wenn wir mit dem Heck zur See auf deren Vorkante lagen, war von dieser vor und hinter dem Schiff sicher noch jeweils mindestens eine Bootslänge vorhanden. Wir liefen vor den Seen, unter kahlem Mast, und wurden fürwahr sehr naß, segelten wir doch ebenso unter wie über Wasser. Wir hatten mehr als ausreichenden Seeraum — die nächste Leeküste war die von Arabien, 5000 Meilen entfernt. — Doch selbst ohne Segel machten wir mehr Fahrt, als mir lieb war, und die Seen wurden in bedrohlicher Weise steiler, als ob sie es darauf anlegten, uns zu überrennen oder querschlagen zu lassen.

Deshalb entschlossen wir uns, zur Herabsetzung der Geschwindigkeit den Treibanker auszubringen. Von den dreien an Bord war einer meine Frau; so daß bei einem Mann an der Pinne die zwei anderen die vielversprechende Aufgabe hatten, den Treibanker aus dem Vorschiff, durch die Kajüte auf das Brückendeck zu schleppen und dann zu verhindern, daß er über Bord geweht wurde. Zu guter Letzt brachten wir es fertig, ihn über das Heck auszubringen, und zwar lediglich mit Trosse und Einholleine versehen. Das Schiff legte sich in seine Richtung, ein plötzlicher gewaltiger Ruck belastete alles bis zur äußersten Grenze und die folgende See schien glatt über uns hinwegzugehen.

Der Fehler war, daß wir nicht mit ausreichender Überlegung gearbeitet — und den Strom nicht bedacht hatten. Wir hatten nichts anderes getan, als den Treibanker in eine mit vier Knoten laufende Strömung zu werfen, mit dem Ergebnis, daß diese uns jetzt mit aller Kraft Heck voraus gegen Wind und See zu zerren suchte. Später fanden wir heraus, daß unsere Fahrt über Grund auch ohne Treibanker nach Luv hinführte. Das Geschirr hielt der Belastung nicht stand. Nach vielleicht drei weiteren Seen brach die starke eichene Achterklampe, an der die Trosse belegt war, so daß wir eine Weile vor der Einholleine lagen, die nebenbei eine weit angenehmere Bremswirkung hatte als die Trosse. Kurz danach brach auch sie, und wir trennten uns vom Treibanker, ohne ihm besonders nachzuweinen.

Wir brachten einige faserige Trossen aus und kamen heil und sicher durch.

Das Folgende ist noch von Bedeutung. Der Sturm hatte sich etwa gegen 16 Uhr zu seiner vollen Stärke entwickelt, als wir querab von Hole-in-the-Wall standen, einem markanten Punkt an der Küste. Danach lenzten wir etwa drei Stunden lang unter Sturmfock, um für den Rest der Zeit vor kahlen Masten (später mit nachgeschleppten Trossen) abzulaufen — abgesehen natürlich von dem fünfminütigen Zwischenspiel mit dem Treibanker. Genau nach 24 Stunden wurde das Wetter für uns handig genug, um Segel zu setzen und unter Land zu laufen — und wir machten unseren Landfall 20 Meilen in Luv von Hole-in-the-Wall! Während wir also vom Wind und See abliefen, gab uns ein 4-kn-Strom eine Fahrt über Grund gegenan von beinahe einem Knoten. Die Lösung ist einfach — Wasser ist 600mal dichter als Luft.

Um auf Vor- und Nachteile des Treibankers zurückzukommen. Er hat viele Mängel und nur einen wirklichen Vorzug — er hält die Abdrift in Grenzen. Dadurch werden eigentlich alle Nachteile aufgewogen. Es ist wie beim Beidrehen — benutze einen Treibanker nur dann, wenn er zur Verringerung der Ab-

Abb. 13 Segel als Treibanker

drift notwendig wird. Führe stets einen guten Treibanker an Bord und finde heraus, wie er am vorteilhaftesten zu verwenden ist.

Segel als Treibanker

Von dieser Möglichkeit hörte ich über einen alten Italiener, der als junger Mann Fischer in der Adria gewesen war. Die dort benutzten Boote waren gaffelgetakelte Doppelender von etwa sechs Meter Länge. Zuweilen kann die Adria eine ekelhaft kurze See aufwerfen, die jedem kleinen offenen Boot gefährlich werden kann. Abb. 13 zeigt, wie die einheimischen Fischer damit fertig wurden.

Sie schlugen das Segel vom Mast, jedoch nicht vom Baum und der Gaffel ab und führten die Großschot wie Zügel an die Baumnocken. Großsegel, Baum und Gaffel wurden dann an kurzer Leine über den Bug ausgebracht. Mein Gewährsmann versicherte, daß das Großsegel, das platt auf dem Wasser lag, die Gewalt der Seen verpuffen ließ und sich in Lee von ihm ein Streifen glatten Wassers bildete, in dem das Boot sicher lag. Wenn die Seen niedriger wurden, nahm man den ganzen Bunsch wieder an Deck, setzte das Großsegel und weiter ging es. Ohne für Erfolg garantieren zu können, gebe ich diesen Vorschlag weiter mit der Bemerkung, daß er sicher einen Versuch wert ist.

Ablaufen vor dem Wind und Nachschleppen von Trossen

Diese Methode ist heute in Mode gekommen und sie gründet sich auf vernünftige Überlegungen.

Vor dem Wind fordert man zwei Gefahren herauf — überrannt zu werden oder querzuschlagen. Je höher die Fahrt, desto drohender werden sie, da sich die Seen im Kielwasser aufbauen, steiler werden und entweder an Deck brechen oder das Boot packen, es querschlagen lassen und auf die Seite werfen. Warum das Kielwasser selbst eines kleinen Schiffes diese deutliche Störwirkung auf nachfolgende Seen hat, ist nie ganz geklärt worden; doch ist sie vorhanden — und deshalb muß man die Fahrt des Schiffes herabsetzen. — Trossen nachzuschleppen, hat dreifachen Wert. Sie fungieren als Bremsen, sie helfen, das Heck gegen die See zu halten, und sie scheinen drittens einen beruhigenden Ein-

Abb. 14 Ablaufen vor der See mit nachgeschleppten Trossen

fluß auf nachfolgende Seen zu haben. Das alles erfordert herzlich wenig technische Vorbereitung. Man nehme lediglich eine oder mehrere grobfaserige Trossen und schleppe sie nach. Man verlängere sie oder vergrößere ihre Anzahl, bis die Fahrt so stark verringert worden ist, daß die Seen achteraus nicht mehr gestört werden (Abb. 14). — Im Hinblick auf die beschwichtigende Wirkung, die nachgeschleppte Trossen haben, scheint es auf den ersten Blick vorteilhafter, mehrere Trossen mittlerer Länge als nur eine lange auszubringen, doch muß ich erst den Segler aufspüren, der genügend Erfahrungen auf diesem Gebiet sammeln konnte, um kompetente Auskunft geben zu können. — Allerdings bin ich schon einer ganzen Anzahl von Leuten begegnet, die sich dazu berufen fühlten, obwohl sie überhaupt nichts von der Sache verstanden. Doch wer jemals gesehen hat, wie eine tosend brechende See in einer Zone lose verteilten Treibguts oder gar nur von untergetauchtem Seetang in unerklärlicher Weise gebändigt wird und in kürzester Zeit zu einer harmlosen wohlgerundeten Dünung wird, muß zugeben, daß die Idee nicht aus der Luft gegriffen ist, und wir sie uns ruhig zunutze machen sollten.

Belege die Trossen an etwas Stabilem. Ihre Zugwirkung ist größer als du denkst, was sich zeigen wird, wenn du sie einholen willst.

Vor Topp und Takel liegen

Dies heißt, daß du sämtliche Segel birgst, alles sicher zurrst, das Boot sich selbst überläßt und dich mit einem guten Buch unter Deck verkriechst. Das mag wie grobe Pflichtverletzung aussehen, ist aber gute Seemannschaft. Der Gedanke ist, daß das Schiff eine ihm zusagende Lage einnimmt (normalerweise annähernd quer zum Wind) und durch seine Abdrift eine Blasenbahn in Luv bildet, die den ankommenden Seen ihre Gewalt nimmt. Die Pinne muß natürlich belegt werden und die dafür geeignete Stellung durch vorangegangene Versuche ermittelt werden. Verwende dafür Nylon oder sonstiges Tauwerk, das sich geringfügig reckt, um das Ruder gegen Stöße abzufedern.

Es ist sicher nicht angenehm, so zu liegen, doch hat die Methode ihre Anhänger und soweit bekannt, scheint sie ebenso sicher zu sein wie die anderen. Sie hat den zusätzlichen Vorteil, daß dabei das Schiff bewahrt bleibt vor einer Menge Menschen, die es unaufhörlich zwingen wollen, etwas zu tun, was es gar nicht will.

Lies in den Berichten über kleinere Boote nach, die bei schwerem Wetter Schäden erlitten oder gar in Seenot gerieten und du wirst sehen, daß in erstaunlich vielen Fällen die Boote den Sturm heil überstanden hätten, wenn die Besatzung sie sich selbst überlassen und sich in die Koje begeben hätte. Zu den erfahrenen Fahrtenseglern, die diesen Gedanken unterstützen, gehören neben zahlreichen anderen Harry Pidgeon (9,65 m lange Yawl) und John Guzzwell.

15. Ankern

Bietet sich Schutz in einer Bucht oder unter Land, wird es wahrscheinlich nicht nur möglich, sondern auch ratsam sein, sich vor Anker zu legen. Auf Legerwall sollte man allerdings nur ankern, wenn alle anderen Mittel versagen und es sich als letzte Möglichkeit erweist.

Wir wollen annehmen, daß sich an Bord das normale Ankergeschirr befindet, bestehend aus mindestens einem Stockanker sowie einen leichteren Pflugschar- oder Leichtgewichtsanker.

Beim Anlaufen des Ankerplatzes suche dir (vielleicht mit Hilfe des Seehandbuches) die günstigste Stelle in so geringer Wassertiefe, wie es die bestehende oder sich möglicherweise entwickelnde Brandung, unter Wasser liegende große Steine und die Gefahr einer Sturmflut erlauben. Kannst du an Land irgendeine solide Festmachemöglichkeit entdecken, nutze sie unter allen Umständen. Wenn du dich für einen Baum entscheidest, nimm nur ein junges starkes Exemplar, denn bei Windverhältnissen, wie du sie erwartest, könnten weniger starke Bäume ausgerissen werden. Ein oder zwei nach See hin angebrachte Anker müßten übermäßiges Schwojen verhindern. Eine zusätzliche zum Land hin ausgebrachte Leine im Winkel von etwa 45° zur ersten wäre nur nützlich.

Sollte der Wind beträchtlich drehen, käme man natürlich bei dieser Art des Vermurens in Schwierigkeiten, doch wollen wir in diesem Fall annehmen, daß derlei Überraschungen nicht zu erwarten sind.

Bei drohendem Zyklon kann man ohne Risiko nur in einem wirbelsturmsicheren Schlupfwinkel vor Anker gehen.

Ankern (Abb. 15 und 16) ist wieder ein Thema, über das man völlig verschiedener Meinung sein kann. In den Büchern steht, man sollte sein Schiff vermuren, das heißt vor zwei im Winkel von 45° ausgebrachte Buganker legen. Der Gedanke ist, auf solche Weise das Schwojen zu verhindern. Das mag für große Schiffe zutreffend sein, Yachten jedoch, die den größten Windfang vorne haben, reagieren gänzlich anders und belasten viel-

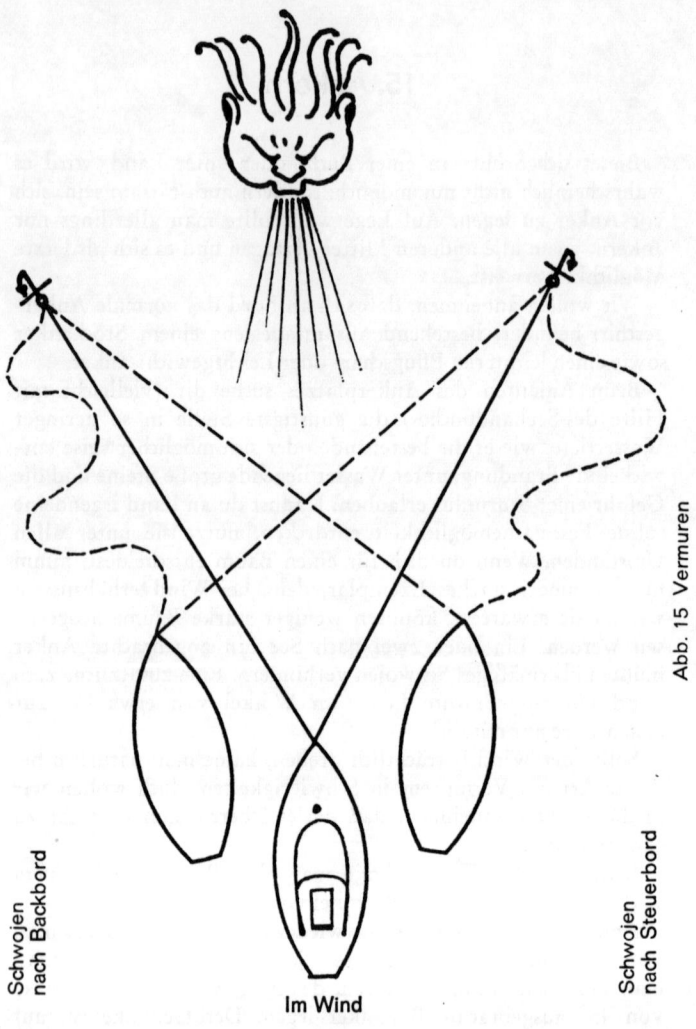

Schwojen nach Backbord

Im Wind

Schwojen nach Steuerbord

Abb. 15 Vermuren

mehr, indem sie dennoch schwojen, die Anker jeweils einzeln; so daß man während der meisten Zeit eigentlich nur vor einem Anker liegt. Und wenn der Wind dreht...?

Jeder Seemann weiß, daß erfolgreiches Ankern vor allem davon abhängt, daß man Zugbeanspruchung der Ankertrosse verhindert, deren Wirkung die wäre, daß der Ankerschaft angelüftet und die Flunken aus dem Grund gebrochen würden. Drei Methoden bieten sich an, Abhilfe dagegen zu schaffen — in flachem Wasser zu ankern, reichlich Kette zu stecken und diese mit Gewichten zu beschweren.

Abb. 16 zeigt das Verkatten von zwei Ankern für Notlagen wie in unserem Fall. Dazu verwende — selbstverständlich — die schwerste vorhandene Kette in ihrer ganzen Länge. Als äußeren nimm bei steinigem Grund den Stock-, bei weichem den Pflugscharanker. Den Zweitanker schäkele drei bis sechs Faden dahinter an (5,50 — 11 m) — bei großen Schiffen und entsprechender Kettenlänge in noch größerem Abstand — fier beide behutsam weg und laß sie nicht etwa donnernd übereinanderfallen. Der Zweitanker gibt nicht nur zusätzliche Haltekraft, sondern fungiert vielmehr als Gewicht, um den Schaft des äußeren Ankers parallel zum Grund zu halten. Als weiteres Gewicht kann man Ballasteisen an der Kette wegfieren, die mit Hilfe eines Gleitschäkels und einer Leine in Position gehalten wird. Diese Gewichte stationiere am äußeren Ende der Kette und nicht dicht am Schiff, da es sonst kopflastig werden könnte.

Nur bei schlechtestem Grund käme dieses Ankergeschirr ins Schleppen, doch, wenn vorhanden, bringe ruhig weitere Anker aus; sie können nur helfen.

Steck soviel Kette wie du kannst und belege sie an etwas Erzsolidem; leg einen zusätzlichen Törn in Deckshöhe um den Mast, wenn du dem Poller oder der Beting nicht traust.

Wo immer bei Ankerleinen Schamfilgefahr besteht, unternimm sofort etwas.

Stecke eben hinter den vorderen Lippen an der Leine ein Ende an, möglichst aus Nylon, das du nach achtern führst und so steif durchsetzt, daß es zu heftiges Einrucken auffängt.

Den Kettentamp im Kettenkasten sichere nicht mit einem Schäkel, sondern mit einigen Törns guten Tauwerks, so daß du, solltest du den Anker slippen müssen, dies mit einem Messer-

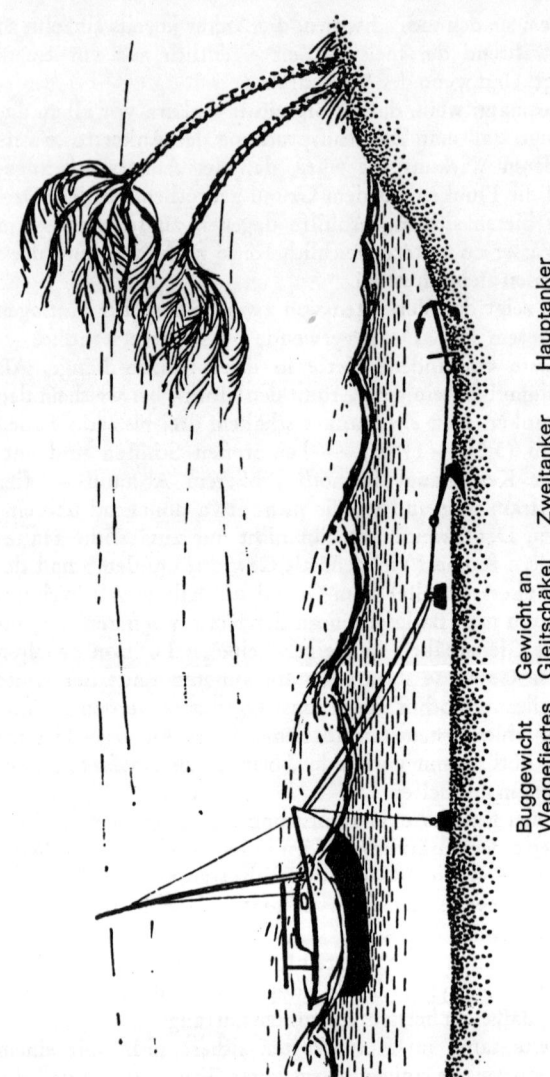

Buggewicht   Gewicht an
Weggefiertes   Gleitschäkel   Zweitanker   Hauptanker

Abb. 16 Tandemanker (Vekatten)

schnitt erledigen kannst, anstatt mit Schraubenschlüssel und Metallsäge einen rostigen Schäkelbolzen lösen zu müssen.

Die Segel solltest du *abschlagen* und unter Deck verstauen. Schlag dafür das Trysegel und die Sturmfock an und tuche sie so auf, daß sie aussehen wie eine ägyptische Mumie.

Um das Schwojen soweit wie möglich einzuschränken, fiere ein schweres Gewicht vom Bug auf den Grund, aber denk daran, daß es weitergefiert werden muß, sollte die mögliche Sturmflut eintreten.

Stelle die Ankerlampe bereit, die elektrisch sein sollte, denn ich bin noch keiner sonstigen begegnet, die bei Winden über 70 mph (Stärke 11) nicht ausgeweht wäre.

Mache einige Peilungen und teile die Ankerwache ein, um mögliches Schleppen und Schamfilgefahr unter Kontrolle zu haben. Sollten die Anker tatsächlich ins Schleppen kommen, bleibt dir nichts, als zu hoffen, daß sie neu fassen, oder sie zu slippen und unter Segel zu gehen. Zur Entlastung könntest du mit der Maschine gegenangehen.

Gesunder Menschenverstand und Vorbedacht sind bei allem von entscheidender Bedeutung. Das Boot auf Abb. 14 zum Beispiel käme in eine ausweglose Situation, sollte der Wind um 90° drehen; wir müssen also annehmen, daß der Schiffer *weiß*, daß es nicht so kommen wird.

Nachdem das Schiff in dieser Weise verankert und gesichert worden ist, hast du dein Möglichstes getan und mußt dich jetzt um die Besatzung kümmern. Läßt das sich nähernde Tief die Katastrophe schon ahnen, mußt du entscheiden, ob es nicht vielleicht besser wäre, es gingen alle an Land (wenn möglich) und ließen das Schiff sein Glück allein versuchen.

Schiffer zu sein heißt, Verantwortung zu tragen.

16. Verwendung von Öl

Dieses Thema würde ich gerne irgendeinem Gastautor überlassen, der ein besonderer Kenner in Fragen der Ölverwendung bei schwerem Wetter wäre — einem, der darin gehörige Praxis hätte und aus Erfahrung sprechen könnte. Da ich so einer Person jedoch noch nicht begegnet bin noch von ihr gehört habe, müssen wir uns mit dem, was die Handbücher dazu sagen, andere Segler erfahren haben und dem zufriedengeben, was der Autor auf Grund eigener Versuche dazu beitragen kann.

Es gibt zahlreiche Methoden, das Öl auszubringen. Man kann es einfach über Bord gießen; Ölbeutel an wirkungsvoll erscheinenden Punkten aufhängen oder sie an Leinen nachschleppen; man kann es in das WC oder in die Bilge kippen und über Bord pumpen. Wofür man sich entscheidet, hängt von den besonderen Umständen und persönlicher Vorliebe ab.

In den einschlägigen Büchern findet man dazu verhältnismäßig klare Anweisungen — unter den und den Bedingungen fiere man einen Ölbeutel über den Bug nach Luv oder gebe ihn nach Lee über Bord und so weiter. Für den Fall, daß man einem in Seenot geratenen Schiff zu Hilfe kommen will, solle man nach ihrer einhelligen Meinung in Luv des gescheiterten Fahrzeugs große Mengen Öl ausbringen und warten, bis die dadurch beruhigte Fläche das Schiff erreicht.

Man sei jedoch argwöhnisch gegenüber klugen Büchern. Die von ihnen empfohlenen Praktiken mögen (oder auch nicht) für große Frachtschiffe zutreffend sein, doch hat mir bisher jeder Segler, der mit Öl experimentiert hat, versichert, daß auf diesem Gebiet noch lange nicht genügend Erfahrungen vorliegen.

Wenn man zum Beispiel einem kleinen Schiff zu Hilfe kommen will, soll man zwar Öl in Luv von ihm ins Wasser geben, jedoch zunächst nur eine kleine Menge — um zu sehen, was dann geschieht. Ich habe so einen Fall erlebt, wobei die vom Öl beruhigte Fläche in Luv des Patienten blieb, jedoch nie in seine Nähe kam; das Schiff trieb vielmehr weiter und weiter davon ab. Danach kippten wir das Öl in Lee von ihm ins Wasser, was zur Folge hatte, daß das Schiff dort hineintrieb und eine Weile darin verblieb, bis es kurz darauf auf dessen Leeseite wieder hinaustrieb. Es scheint also, daß kleine Schiffe schneller treiben als Ölflecke.

Um Material zu sammeln, machten wir einige Experimente an Bord eines Fischereifahrzeuges und einer Yacht bei ziemlich rauher See, doch an sich optimalen Bedingungen, da wir uns nicht in geringster Gefahr befanden und ruhig und ungestört arbeiten konnten.

Hier sind die Ergebnisse, die ich, ohne jedoch irgendeine Garantie geben zu können, weiterleite.

Ölbeutel am Treibanker (dies war die Gelegenheit, als sich der Treibanker vollständig vertörnte): Ein ausgedehnter, ruhiger Fleck in Luv des Treibankers.

Vor Topp und Takel liegend, wobei wir Öl in Luv und Lee ausbrachten:
Ein großer ruhiger Fleck gut zu Luv vom Schiff.

Vor der See mit nachgeschleppten Trossen ablaufend, wobei wir Öl vom Bug über Bord gaben:
Ein großer ruhiger Fleck gut achteraus.

Beigedreht: Ein großer ruhiger Fleck gut voraus in Luv.

Kurz: das Öl beruhigte in jedem Fall eine beträchtliche Fläche Wasser — jedoch dort, wo es uns nichts nützte. Wir kamen ein einziges Mal in die Mitte einer solchen Fläche und in den Genuß ihres Schutzes, als wir mit dem Fischerfahrzeug mitten hinein motorten und uns dort durch einen gelegentlichen Pull vor- oder achteraus halten konnten.

Der Nutzeffekt selbst einer kleinen Menge Öl bei grober See ist ganz außergewöhnlich. Eine halbe Gallone (2¼ l) SAE 50 Öl, die sich über mehrere hundert Quadratmeter Wasser verteilt, wird dabei zu einem Film auseinandergezogen, der sich wohl nur in Tausendstel Millimetern ausdrücken ließe. Doch besänftigt diese irrisierende Schicht ankommende Brecher und nimmt ihnen jede Gewalt. Der Verbleib der in diesen Brechern doch vorhandenen enormen Energien ist mir ein Rätsel; es scheint unglaublich, daß sie von einem öligen Mikrofilm absorbiert worden sein sollen, ohne irgendeine Spur zu hinterlassen.

Die Folgerung, die alle Beteiligten aus diesen Versuchen zogen, war, daß man eine Vorrichtung benötigt, von der bei immer gleichbleibender Entfernung von etwa einer halben bis ganzen Meile in Lee vom Schiff, fortwährend Öl ins Wasser gegeben wird. Irgendein Floß vielleicht mit einem metallenen Segel? Oder eine Art Drachen, der mit einem treibenden Kanister verbunden ist.

So sei denn dieses reichlich unzulängliche Kapitel beendet mit der Bitte an alle Leser, die Erfahrungen oder Vorschläge zu diesem Thema haben, uns diese mitzuteilen.

Über eines ist sich wohl jeder, der jemals Öl verwendet hat, allerdings völlig im klaren — es bedeckt das Boot mit einer schmierigen, glitschigen ekelhaften Schicht, die man nur unter großen Mühen wieder entfernen kann.

17. Starke Motorboote

Als Schiffer eines Motorfahrzeugs sollte man sich im allgemeinen bei Hurrikanbedingungen genauso verhalten wie an Bord eines Segelbootes.

Für beide gilt das gleiche:
der Rumpf soll schwimmfähig bleiben und zusammenhalten.

Kurz und knapp läßt sich das wie folgt ausdrücken:

1. Macht das Schiff mehr Wasser als du lenzen kannst, wird es früher oder später sinken.
2. Wird das Schiff von einer See oder an der Küste zerschlagen, mußt du schwimmen.

Diese neunundzwanzig Worte treffen den Kern des Buches. Die bei schwerer See übliche Methode des „Beidrehens" für Motorboote besteht darin, mit so viel Fahrt gegenanzudampfen, daß man gerade noch Ruder im Schiff behält. Das ist zwar sicher nicht sehr bequem, funktioniert aber — bis zu einem gewissen Grad. — Dieser Punkt ist erreicht, wenn die zum Steuern erforderliche Mindestgeschwindigkeit nicht mehr aufrechterhalten werden kann oder, was wahrscheinlicher wäre, wenn das Schiff beim Stampfen Schläge einstecken muß, bei denen man Gefahr läuft, daß sich Planken lösen oder Brüche an Spanten oder Decksaufbauten auftreten. Wenn es erst einmal soweit gekommen ist, bleibt einem keine Wahl als die Maschine zu stoppen und das Schiff wie eines ohne Maschinenantrieb zu behandeln.

Gegenüber einem Segelboot hat ein Maschinenfahrzeug dennoch einige Vorteile. Man kann es bei laufender Maschine genau in den Wind legen und außerdem hat man (was vielfach übersehen wird) bei langsamer Geschwindigkeit infolge des auf das Ruder wirkenden Schraubenstroms erheblich größere Richtungskontrolle.

Ich habe alle herkömmlichen Methoden angewandt, als ich als Schiffer maschinengetriebener Fischerfahrzeuge an Küsten operierte, die berüchtigt sind für häufige und schwere Stürme. Gegenandampfen; Liegen quer zur See; Treibanker; Ölbeutel; Ablaufen vor der See (mit oder ohne nachgeschleppten Trossen);

und nach meiner Meinung stellt das Ablaufen vor der See die sicherste und angenehmste Methode dar. Dabei geht man gewissermaßen mit dem Schlag, wodurch, handelt es sich um ein kleines Schiff, den nachfolgenden Seen viel von ihrer Gewalt genommen wird. Man fühlt sich deswegen dabei nicht nur wohler, außerdem spielt ein anderer wichtiger Punkt dabei eine Rolle: die Mehrzahl der Motorboote hat kastenartige Decksaufbauten mit Fenstern, an denen eine von vorn an Deck steigende See beträchtlichen Schaden anrichten kann.

Überprüfe den Auspuff.

Bei laufendem Motor wird der Gasdruck verhindern, daß Wasser in die Maschine eindringt, doch sollte diese Möglichkeit im Leerlauf oder bei abgestellter Maschine bestehen, muß man den Auspuff pfropfen oder sich sonst etwas ausdenken.

Es soll Leute geben, die behaupten, beim Ablaufen mit einem der 40-kn-„Crash Boats" ihre Geschwindigkeit beibehalten zu können, ohne querzuschlagen oder überrannt zu werden, indem sie sich auf die Vorkante einer See legen und sich dort mit Hilfe der Motoren halten. Ich weiß nicht, ob man an so etwas glauben soll, doch habe ich nie ein 40-kn-Schiff besessen: mir scheint das Manöver reichlich riskant zu sein; mag sein, daß es zu schaffen ist. Allerdings habe ich etliche Male von Leuten gehört, die als Besitzer relativ langsamer Boote (unter 20 kn) verkünden, sie könnten den Seen entkommen, indem sie mit voller Fahrt vor ihnen herlaufen.

Das ist natürlich unsinniges Geschwätz. Zunächst einmal beträgt die Marschgeschwindigkeit einer Sturmsee etwa 30 kn, so daß ein normales Motorboot überhaupt nicht mithalten *kann*. Außerdem beschwört der Schiffer eine Katastrophe herauf, wenn er versuchen sollte, die Seen nicht wenigstens mit deren eigener Geschwindigkeit zu schlagen. Bei richtigem Verhalten soll die Geschwindigkeit beim Ablaufen vor der See so langsam sein, daß das Schiff gerade noch gut auf dem Ruder liegt; und wenn Konstruktion und Windfang in der Weise wirken, daß das Schiff durch die „Segelwirkung" der Decksaufbauten auf Kurs gehalten werden kann (bei unter Umständen nachgeschleppten Trossen), soll man lieber ganz auf den Gebrauch der Maschine verzichten.

Viele kleinere Motorboote haben ein großes nicht selbstlenzendes Cockpit. Ein wirklich schweres Rundumkleid aus Tuch oder Dacron, das sicher befestigt ist, kann eine erstaunliche Menge Wasser abhalten und uns ständiges Pumpen ersparen, deshalb sollte man es an Bord haben. Doch selbst die stärkste Persenning droht schließlich aus den Nähten zu platzen oder unter dem Anprall einer schweren See ihre Kauschen auszureißen. Es ist ganz einfach so, daß sich kleine Boote ohne selbstlenzendes Cockpit eben nicht auf die offene See wagen sollten.

Denk daran, daß die Maschine bei wirklich schwerem Wetter anfälliger ist als unter normalen Verhältnissen. Der Hauptgrund dafür ist das Schwappen des Brennstoffs im Tank, wodurch Ablagerungen und Schwitzwasser vom Boden aufgerührt werden. Viele Leute scheinen unerschütterliches Vertrauen zu der Fähigkeit der Kraftstoffilter zu haben, mit verunreinigtem Brennstoff fertigzuwerden. Darüber denke ich allerdings ganz anders, wie wahrscheinlich die Fabrikanten solcher Filter auch, die sicher die ersten wären, die Vorteile einer Tankreinigung zu betonen.

Die Antwort ist also ganz klar: Halte den Tank sauber. Ablagerungen und Wasser sollten abgelassen und der Tank periodisch geöffnet und gereinigt werden. Beim Tanken muß der Brennstoff über einen Filter laufen. Bei großen Tanks müssen Anti-Schwall-Bleche eingebaut werden.

Eine weitere Fehlerquelle bedeutet im Ölsumpf herumschwappendes Öl. Gute Schiffsmotoren sind so konstruiert, daß sie gegen dadurch bedingte Störungen gefeit sind, handelt es sich jedoch um einen selbst zurechtgebauten Automotor, kann man sehr bald in Schwierigkeiten geraten.

Ein anderer Punkt ist die wechselnde Motorbelastung durch die Schraube, je nachdem ob sie in tieferem Wasser Widerstand findet oder an der Oberfläche durchzudrehen droht. Um hier zu helfen, kann man lediglich das Gas entsprechend variieren, und die Maschine ein wenig liebevoll behandeln.

Für den Fall, daß man schnell vorankommen will, um zum Beispiel der Bahn eines Hurrikans auszuweichen, ist noch folgendes wichtig. Es scheint allgemein wenig beachtet zu werden (selbst unter Motorbootleuten), daß ein Boots- und ein Automotor ihre Antriebskraft in verschiedener Weise liefern. Der Motor eines auf ebener Straße schnellfahrenden Personenwagens

läuft zwar hochtourig, um jedoch die Geschwindigkeit beizu-
behalten, werden nur die PS benötigt, die zur Aufhebung des
Reibungswiderstandes der Räder und des Luftwiderstandes erforderlich sind. Eine Schraube dagegen setzt die Maschine einer
dauernden Belastung aus; ein Schiffsmotor hat also so viel zu
leisten wie ein Auto, das im größten Gang einen endlosen Hang
hinauffährt.

Aus diesem Grund sprechen die Hersteller von Schiffsmotoren
von Höchst- und Dauerleistung und empfehlen die letztere nur
in Notfällen zu übersteigen. Viele Schiffsmotoren sind so konstruiert, daß die Dauerleistung gar nicht erst überschritten werden kann. Hier soll nur betont werden, daß die Lebensdauer
einer Maschine, die einer ständigen Höchstbelastung ausgesetzt
wird, nur kurz sein kann.

Für das Durchdrehen der Schraube, wenn diese bei übermäßig
stampfendem Schiff in obere Schichten oder gar ganz aus dem
Wasser kommt, ist noch kein Heilmittel gefunden worden. (Soweit es kleine Schiffe betrifft.) Alles was man tun kann ist, dem
Durchdrehen dadurch zuvorzukommen, daß man rechtzeitig das
Gas wegnimmt. Das ermüdet und ist nicht immer erfolgreich
und außerdem bricht es das Herz eines jeden, der eine mechanische Antenne hat, wenn die Maschine geradezu aufstöhnt bei
der plötzlichen Belastung durch den wieder untertauchenden
Propeller.

Das Umfüllen von Kanistern in den Tank oder von Öl in den
Motor muß bei jedem Wetter möglich sein; die dazu notwendi-
gen Schläuche und Einfüllstutzen habe man also parat. Wird
möglicherweise ein großer Behälter Reservebrennstoff mitge-
führt (etwa ein 44-Gallonen-Faß), muß dieser sehr sorgfältig
festgezurrt werden. Ein Ende um die Faßmitte ist völlig un-
zureichend. Es würde sich recken und schamfilen und man hätte
die aufregende und gefährliche Aufgabe, einem amoklaufenden
Gewicht von annähernd einer halben Tonne nachzujagen. Das
Geeignete wären Draht- oder Kettenstropps mit Spannschrauben
zum Durchsetzen, die irgendwo sicher verankert werden müßten.

18. Offene Boote

Es gibt zahlreiche heldenhafte Geschichten kleiner offener Boote, die Ozeanreisen über Tausende von Meilen gemacht und dabei schwere Stürme überstanden haben.

Ein gut konstruiertes, vernünftig ausgerüstetes, sicher geführtes offenes Boot ist durchaus in der Lage, selbst einen sehr schweren Sturm abzuwettern.

Allerdings sind vorher eine Reihe verschiedener Punkte zu beachten.

Zunächst kann nicht deutlich genug betont werden, daß die durchgefeilte Konstruktion des Bootes ebenso wichtig ist wie seine geschickte Handhabung. Ein gutes Boot rettet möglicherweise eine unfähige Besatzung, doch kann die geschickteste Besatzung ein schlechtes Schiff nicht über Wasser halten.

Unter Segel oder Motor, mit eingebauter Maschine oder Außenborder; vor dem Auslaufen vergewissere man sich in jedem Fall, daß *wenigstens* die folgenden Ausrüstungsgegenstände an Bord sind.

Schwimmweste für jedes Besatzungsmitglied.

Anker und Ankerleine.

40 m Ersatztauwerk.

Ein Rettungsring — oder einige aufgepumpte Autoschläuche, von denen einer mit der 40-m-Leine verbunden sein sollte.

Eine Packung Notraketen. Sie sind nicht teuer und retten einem vielleicht das Leben.

Ein elektrischer Scheinwerfer — der möglichst wasserdicht sein soll. (Das Notsignal lautet ... — — — ... [SOS] und wird in kurzen Abständen gegeben.)

Ein Eimer mit starkem Henkel. Zum Ösen und als Treibanker.

Ein zusätzliches Gefäß zum Ösen. *Kein* Marmeladenglas. Es muß mindestens 13—14 l fassen.

Keine in ein Boot unserer Größe passende Pumpe befördert so viel Wasser über Bord, wie ein geschickter Mann, der mit einem Ös-Faß arbeitet. Dazu muß dieses allerdings einen passenden Griff haben und du mußt darauf achten, daß die Kanten dir nicht die Hände aufreißen.

Auftriebskraft: Hat das Boot keine eingebauten Auftriebskörper, bringe zwei (oder mehr) 10-l-Kanister so hoch wie möglich im Boot an und sichere sie.

Riemen und Dollen.

Eine Dolle am Heck, um nach Anbordnehmen des Ruders oder Außenborders einen Riemen als Ruder verwenden zu können. Man hat das Boot mit dessen Hilfe möglicherweise besser unter Kontrolle. Ein normales Ruderblatt wirkt nur, wenn das Boot Fahrt durchs Wasser macht — der Riemen wirkt als langarmiger Hebel.

Sichere alles lose Gut: Ösfässer, Dollen, Bodenbretter, damit sie beim Einsteigen einer See nicht über Bord gewaschen werden.

Laß dich an einem ruhigen sonnigen Tag nicht dazu verleiten, ohne diese Ausrüstung die Leinen loszuwerfen. Mutter Natur sorgt für Überraschungen: nach einer halben Stunde oder weniger kann sie ihre Meinung geändert haben und dich in einen vollen Sturm verwickeln.

Jeden Tag gehen Hunderte oder Tausende mit kleinen offenen Booten auf See oder machen auf Binnengewässern eine Ruderpartie. Und jedes Jahr ertrinken davon einige Tausend.

Deshalb merke dir: Wenn bei diesen „Unglücksfällen" die Boote so ausgerüstet und geführt worden wären, wie es in diesem Kapitel empfohlen wird, wäre die Mehrzahl dieser Leute heute noch am Leben.

Gerätst du in einen Sturm, versuche unter allen Umständen dich durch Rudern, Segeln oder Motoren soweit wie möglich in Sicherheit zu bringen, aber versäume nicht den rechten Zeitpunkt für eine Defensivstellung, bevor es zu spät ist.

Die einzige in Frage kommende Defensivlage für ein kleines offenes Boot ist die, den Kopf in den Wind zu legen. Das läßt sich aber nicht durch Rudern oder Segeln bewerkstelligen, noch kann man unter solchen Verhältnissen erwarten, daß die Maschine, binnenbords oder außenbords, zufriedenstellend läuft.

Hat das Boot einen Mast, der unter diesen Umständen gelegt werden kann (was man nicht unbedingt verlangen kann), leg ihn. Dann bring einen Treibanker aus, wenn vorhanden. Hast du keinen, suche alles lose Gut zusammen — Mast, Baum, Bodenbretter und so weiter — mit Ausnahme der Auftriebskörper und Ösgefäße, verbinde alles untereinander und gebe es an einer Leine als Treibanker über Bord. Handelt es sich um eine Jolle, kannst du es mit einem Segel versuchen, wie auf Abb. 12 gezeigt wird. Es kommt lediglich darauf an, den Bug mit allen nur möglichen Mitteln zur See zu halten und das Wasser ebenso schnell wieder herauszubefördern wie es hereinkommt. Konzentriere allen Ballast (einschließlich Crew) auf die Mitte des Bootes oder eben dahinter — den günstigsten Punkt mußt du durch Versuche herausfinden. Sollte das Boot dazu neigen, übermäßig zu gieren, versuche durch die Hebelwirkung eines über das Heck ausgebrachten Riemens jede See genau auf den Kopf zu bekommen. Hast du ein zweites Segel an Bord, kannst du versuchen, das Boot damit soweit abzudecken, daß eine Art Vordeck entsteht, um so wenigstens etwas Wasser abzuhalten. Alles hilft ein bißchen. Danach bleibt nichts mehr zu tun als zu versuchen, dich vielleicht irgendwie bemerkbar zu machen und dir eine Leine um den Bauch zu binden.

Ist das Boot vollgeschlagen oder gekentert, bleib am Boot und versuche nur dann wegzuschwimmen, wenn du dir 200 %ig sicher bist, heil anzukommen. 200 %ig jawohl, weil unter solchen Umständen das rettende Land oder Schiff mindestens zweimal so weit entfernt ist wie es dir erscheinen mag. Wenn möglich, binde dich am Boot fest. Zwischen einzelnen Seen kommen ruhige Zonen, in denen du versuchen kannst, das Boot aufzurichten und auszuösen; das ist alles, was du machen kannst.

Dein Hauptproblem wird es aber vor allem sein, an Bord zu bleiben und durchzuhalten; aus diesem Grund erwähnte ich die Sicherheitsleine um den Bauch. Wenn das Boot umgeworfen würde, ergibt sich als nächstes Problem, woran die Leine belegt werden kann. Dazu kann ich keinen Rat geben; das hängt von der Ausstattung des einzelnen Bootes ab; denke dir also irgendeinen Kniff aus.

Für den Fall, daß du zum Land hin vertrieben wirst mit der Aussicht, durch schwere Brandung hindurchzumüssen, gilt das gleiche — bleib am Boot solange wie möglich. Die Versuchung, dich auf der Schwimmweste an Land tragen zu lassen, mag unwiderstehlich sein, doch bei wirklich schweren Brechern ist es besser, dies als letzte Möglichkeit aufzusparen.

Ist das Boot noch nicht gekentert, kannst du versuchen, es durch die Brandungswellen hindurchzubringen. Es hat keinen Zweck, Bug voran auf den Seen an Land zu surfen. Bei den wahrscheinlich anzutreffenden Wellen wirst du beinahe sicher querschlagen und überrollt werden. Nimm vielmehr bei noch immer ausgebrachtem Treibanker jede See auf den Kopf. Rudere hart gegen jeden ankommenden Brecher an oder benutze dazu den Motor, wenn er (was kaum zu erwarten ist) noch brauchbar sein sollte. Wenn das Boot in der Brandung querschlägt oder kentert, geh ihm und dem improvisierten Treibanker möglichst aus dem Weg, um einen sonst drohenden Schlag im Wirbel eines brechenden Kammes zu vermeiden.

Es wird immer Leute geben, die ohne eigenes Verschulden mit kleinen offenen Booten in schwere Seen geraten, doch die eigentliche Moral aus diesen Kapiteln ist diese: solltest du bei sich ankündigendem schlechtem Wetter oder einer Sturmwarnung mit einem offenen kleinen Boot auf See gehen und in ernsthafte Schwierigkeiten geraten, bleibt dir immerhin der Trost, das bekommen zu haben, was du dir offenbar wünschtest.

Bevor du die Leinen loswirfst, solltest du dir vielleicht auch einmal klarmachen, daß du, gerätst du selbst in Gefahr, unter Umständen Boote und Leben der Leute gefährdest, die es für ihre unentgeltliche Pflicht halten, hinauszugehen und dich zu retten.

19. Die Crew

Noch einmal sei betont — als Schiffer trägt man Verantwortung und, angenommen du bist Schiffer, muß der Besatzung deine Hauptsorge gelten.

Crews gibt es in allen Schattierungen, Größen, jeden Alters und Geschlechts. Es können bezahlte Leute, Amateure oder „paying guests" sein, doch zeigt sich eigentlich ausnahmslos (nach der ersten Kraftprobe) die Einsicht, daß man sich dem Schiff und seinem Schiffer zu beugen hat. Du hast die Pflicht, deine Leute höflich aber bestimmt über die Bedeutung der einzelnen Leinen aufzuklären. Außerdem hast du dafür zu sorgen, daß sie sich über die Sicherheitsvorkehrungen im klaren sind.

Für eine Überführungsfahrt — das heißt ein Schiff gegen Bezahlung so schnell wie möglich von Punkt A zu Punkt B zu bringen — eignet sich am besten eine bezahlte Crew, die wie du selbst, kein romantisches Abenteuer sucht, vielmehr die Reise schnell beenden und möglichst bald wieder in heimatliche Gefilde zurückkehren möchte; außerdem hat man sie finanziell an der Leine. Für derartige Reisen ist eine Amateur-Crew nicht zu empfehlen. Sonst bietet dir möglicherweise ein Haufen arbeitsmüder, vergnügungssüchtiger Strandräuber seine Dienste an, die es vor allem darauf abgesehen haben, in jedem Hafen so lange herumzulungern, wie die eingesessenen Leute gewillt sind, ihnen für haarsträubendes Seemannsgarn harte Drinks zu liefern.

Für lange Reisen ist die „paying crew" gewöhnlich die beste. Um es unverblümt zu sagen; es kommen dann sympathischere Menschen an Bord; Leute, die, ganz gleich von wem sie ihr Geld geerbt oder wie sie es verdient haben, sich so stark gedrängt fühlen, auf See zu gehen, daß sie die unvermeidlichen Beschwerlichkeiten einer Seereise auf kleinem Schiff gegen die Annehmlichkeiten des Landes eintauschen. Vielleicht bewegen sie sich anfangs ein wenig täppisch, doch meistens wollen und werden sie schnell das Nötigste lernen.

Ob Einhandsegler oder Besatzungsmitglied — halte dich in jedem Falle frisch und bereit für mögliche Schwierigkeiten. Die beste Lösung wäre die, den Schiffer keine feste Wache gehen zu lassen. Er sollte vierundzwanzig Stunden des Tages bereitstehen; wenn dies auch nicht immer möglich sein wird, versuche doch alle Routinearbeiten der Crew zu überlassen, und dich selbst nicht in Kleinigkeiten zu verlieren.

Viel zu viele Amateurschiffer verfallen der (kompensierenden?) Sucht, sich auf die Brust zu klopfen und unflätig daherredend umherzustolzieren, wahrscheinlich in dem Glauben, so besonders abgebrüht und befahren zu erscheinen. Diesen Irrtum verdanken sie vermutlich übergroßer Kinogeherei. In den allermeisten Fällen sind gute Schiffer, Amateure wie Berufsseeleute, beherrschte Menschen, die nicht nur etwas von ihrem Fach verstehen, sondern auch die Gabe haben, mit ihren Mitmenschen gut zurechtzukommen. Beides ist notwendig. Kapitän Bligh von der „Bounty" zum Beispiel war ein hervorragender Seemann aber schlechter Schiffer; James Cook und Admiral Anson dagegen waren nicht nur vorzügliche Seeleute, sondern auch großzügig und menschlich — und erfolgreicher.

Das soll nicht heißen, daß die Crew tun und lassen kann was sie will. Wenn jemand einen Fehler macht, weise ihn sofort darauf hin und laß ihn die Sache in Ordnung bringen, wenn nötig mit deiner Hilfe. Von Zeit zu Zeit trifft man, der Eigenart menschlicher Natur entsprechend, auf einen notorischen Quertreiber. Ihn in grober Weise zurechtzuweisen, würde nichts nützen und außerdem nicht gerade erfreulich für den Rest der Besatzung sein. Trenne dich so schnell wie möglich von ihm.

Kleidung und Essen sind von größter Bedeutung. Ein Mann, der gut gesättigt und außerdem trocken und warm ist, ist gegen Angst gefeit und hält durch, solange wie es von ihm verlangt wird. Ist er dagegen hungrig und kalt, wird er früher oder später schlapp machen — gewöhnlich früher. Ist es erst einmal so weit gekommen, daß die Besatzung herumhockt wie sieches Federvieh, das auf den Gnadenstoß wartet — füttere deine Mannen. Du wirst dich wundern, wie sie wieder lebendig werden.

Ein weiterer Irrtum ist das „Krafteinpumpen" durch reichliche Gaben Rum (oder sonstigen Alkohols). Die Wirkung ist nicht von Dauer und man fühlt sich hinterher elender als zuvor. Heb die Flasche auf, um den überstandenen Sturm zu begießen.

Bequemlichkeit ist wichtig. Wie die Crew untergebracht wird, hängt natürlich von der Einrichtung unter Deck ab, doch versuche, Kojen und Matratzen so bequem wie möglich zu machen. Und weil sich jeder gelegentlich gerne ein Weilchen zurückzieht, sollte ihm ein Schlupfwinkel reserviert werden, wenn auch nur mit Hilfe von Vorhängen, die er vor die Koje ziehen kann.

Wahrscheinlich ist es nicht gerade günstig, bei vollem Sturm der Besatzung erklären zu müssen, wie man die Luken dicht macht oder Trossen ausbringt, es ist schwer, überhaupt zu solcher Zeit irgend etwas zu erklären. Bevor du also den Ausgangshafen verläßt, informiere die Besatzung darüber:

1. Wo sich *alles* befindet.
2. Welchen Zweck es erfüllt.
3. Wie es zu gebrauchen ist.

Besprich dich, soweit es geht, mit deiner Crew. Halte sie ständig auf dem Laufenden.

Und noch einmal betone ich, daß alle in diesem Buch gegebenen Ratschläge vor allem für Fahrtensegler gedacht sind. Der Regattasegler wird wahrscheinlich — eigentlich gezwungenermaßen — gnadenlos das Letzte aus Schiff und Besatzung herausholen, wenn er gewinnen will.

Eine Langfahrt sieht ganz anders aus. Da gibt es kein hektisches Getue. Auf engem Raum müssen vielerlei Leute eine ganze Weile miteinander auskommen, und es ist die Aufgabe des Schiffers, nicht nur das Schiff heil ans Ziel zu bringen, sondern auch zu vermeiden, daß die Besatzungsmitglieder etwa am Ende der Reise nichts so herbeisehnen, wie sich endlich nicht mehr sehen zu müssen.

Nachwort

Was bleibt, ist ein Schiff ohne Raffinessen und verchromte Extras. Ein Schiff vielleicht, das in mancher Hinsicht überholt erscheint. Die See jedoch kümmert sich nicht um die Mode.

Es wird kein schnelles aber ein gefälliges Boot sein — denn Zweckmäßigkeit und Schönheit gehen Hand in Hand.

In diesem Buch ist ausschließlich von „katastrophalen" Bedingungen die Rede gewesen, von Hurrikanen, Stürmen, Riesenseen und anderen monströsen Erscheinungen. Vielleicht hat der Unerfahrene deshalb den Eindruck gewonnen, Ozeansegelei sei eine äußerst heikle Sache. Dieser Folgerung möchte ich vorbeugen. Auf einem guten, vernünftig gehandhabten Schiff wird man statistisch gesehen weniger leicht ein vorzeitiges Ende finden als etwa beim Überqueren einer Straße.

Angst und Sorgen kennt der Segler nur während ganz weniger Stunden. Im übrigen beschäftigt er sich auf vielerlei Weise. — Er navigiert, hält das Boot instand, tüftelt ein neues Rezept aus oder liegt des Nachts an Deck und schaut in die Sterne, während das Schiff sich selbst steuert.

Kein Telefon; keine Telegramme; weder Geschäftsleute noch lästige Besucher.

Doch gelegentlich beschert uns der Himmel einen kräftigen Puster, damit wir nicht zu bequem werden, angenehmere Tage besser zu schätzen lernen und daran erinnert werden, daß die See nur den Segler respektiert, der den geforderten Tribut in Form von Pflichtgefühl und Ausdauer, Wachsamkeit und Geschick zu zollen vermag.

Hurrikan-Warnung

1. Ungewöhnliches Benehmen des Barometers.
2. Hohe unerklärliche Dünung.
3. „Krankes" Gelb am Himmel.
4. Ungutes Gefühl.
5. Hohe Zirruswolken, die strahlig vom Tiefdruckkern ausgehen.
6. Ungewöhnliches, verschrecktes Benehmen der Seevögel.
7. Seewetterberichte.
8. Plötzliche Windstöße — warme und kalte.
9. Deutliches Zusammenballen und Niedrigerwerden der Wolken in Richtung des Tiefs, begleitet von raschem Zunehmen der Windstärke — möglicherweise Blitze am Horizont.

Check-Liste

1. Eine gute Mahlzeit für dich und die Besatzung.
2. Verschalke alle Luken.
3. Überprüfe die elektrischen Stablampen.
4. Sorge dafür, daß die Sturmsegel klar zum Setzen sind.
5. Sorge dafür, daß die Maschine klar ist.
6. Sorge dafür, daß die Anker und sonstiges bewegliches Geschirr *sicher* verzurrt sind.
7. Leg Treibanker und Trossen zum Nachschleppen bereit.
8. Zurre alles Bewegliche unter Deck fest.
9. Kontrolliere die Lenzpumpe(n).
10. Sorge dafür, daß Sicherheitsleinen, Schwimmwesten und Rettungsmittel bereitliegen und in Ordnung sind und daß die Besatzung weiß, wo diese liegen und wie sie zu gebrauchen sind. (Siehe Kapitel 12 dieses Buches.)

Register

Die **KLEINE YACHT-BÜCHEREI** ist die preiswerte Bibliothek für eingehendes Fachwissen auf vielerlei Spezialgebieten. Diese Bände sind lieferbar:

Die Bibliothek wird laufend erweitert. Fragen Sie bitte Ihren Buchhändler und beachten Sie unsere Ankündigungen.

Verlag Klasing + Co
Bielefeld